CADERNOS DE RECEITAS
MEMÓRIAS AFETIVAS

FUNDAÇÃO EDITORA DA UNESP

Presidente do Conselho Curador
Mário Sérgio Vasconcelos

Diretor-Presidente / Publisher
Jézio Hernani Bomfim Gutierre

Superintendente Administrativo e Financeiro
William de Souza Agostinho

Conselho Editorial Acadêmico
Luís Antônio Francisco de Souza
Marcelo dos Santos Pereira
Patricia Porchat Pereira da Silva Knudsen
Paulo Celso Moura
Ricardo D'Elia Matheus
Sandra Aparecida Ferreira
Tatiana Noronha de Souza
Trajano Sardenberg
Valéria dos Santos Guimarães

Editores-Adjuntos
Anderson Nobara
Leandro Rodrigues

Rosa Belluzzo
Betty Loeb Greiber

CADERNOS DE RECEITAS
MEMÓRIAS AFETIVAS

© 2024 Editora Unesp

Direitos de publicação reservados à:
Fundação Editora da Unesp (FEU)
Praça da Sé, 108
01001-900 – São Paulo – SP
Tel.: (0xx11) 3242-7171
Fax: (0xx11) 3242-7172
www.editoraunesp.com.br
www.livrariaunesp.com.br
atendimento.editora@unesp.br

Dados Internacionais de Catalogação na Publicação (CIP) de acordo com ISBD
Elaborado por Vagner Rodolfo da Silva – CRB-8/9410

C122   Cadernos de receitas: memórias afetivas / Rosa Belluzzo, Betty Loeb Greiber. – São Paulo: Editora Unesp, 2024.

Inclui bibliografia.
ISBN: 978-65-5711-157-4

1. Culinária. 2. Receitas. 3. Memórias. 4. Imigrantes. 5. Cultura. I. Belluzzo, Rosa. II. Greiber, Betty Loeb. III. Título.

2023-1028   CDD 641.5
CDU 641.8

Editora afiliada:

Para Betty, com carinho e afeição!
Finalmente conseguimos
realizar nosso sonho

Guilherme Gaensly
(1843-1928).
Rua Direita (s/d).
Museu Paulista da USP.

SUMÁRIO

Apresentação 12

Rosa Belluzzo

Migrações à mesa 16

Angélica Beghini Morales e Mariana Esteves Martins

Prefácio 24

Betty Loeb Greiber

Amanda Villela Bittencourt e
Mariana Bittencourt Weber 26

Betty Loeb Greiber 40

Célia Rubinstein Eisenbaum 50

Edith Schaffer Argelazi 58

Flavia Nishimura 68

Flávio Ferraz 78

Haydee Tardini 90

Maria Regina Dias de Souza 102

Marcelo Weingarten 114

Nahla Hajjar 126

Patrícia Lopes 134

Rosa Belluzzo 146

Sylvia Loeb 158

Vera Lauria 168

Viviane Sarraf e Rachel Sarraf 178

Agostinho José da Mota. *Natureza--morta com frutas, c.* 1873. Pinacoteca do Estado de São Paulo.

ÍNDICE DAS RECEITAS

Arancini 174

Bacalhau com broa 110

Baianinhas 144

Berinjela e abobrinha recheadas 133

Bolinho para café 100

Bolo de coco 56

Broinhas de fubá 157

Compota "doce de vó" 67

Cozonac (pão doce com chocolate) 66

Creme russo 100

Cuscuz à paulista 154

Doce Leqmet el helwe (doce de semolina) 133

Docinhos de mandioca 86

Folhado de ricota da Anyu 122

Halazlé (sopa de peixe) 48

Knaidlach (bolinhos de farinha) 55

Mejadra 132

Mishmash 124

Nozes fingidas 188

Ovos queimados 88

Panquecas de ricota 165

Pão de mel 64

Papos de anjo 177

Patê de pimentão 176

Pavê de frutas 167

Pernil assado 156

Pernil de vitela 112

Pudim de abacaxi 98

Pudim de carne 86

Quibe de batata 186

Rakott krumpli (batatas gratinadas) 121

Rigo jancsi (bolo gelado de chocolate com creme) 117

Risoto de açafrão 174

Rocambole de laranja 113

Rolinhos de queijo 47

"S" de queijo e ricota 166

Suflê de chuchu 38

Tempura 77

Torta de banana 39

Torta de cogumelo 76

Torta de linguiça 142

Torta de liquidificador 36

Torta de ricota 188

Torta húngara de nozes 55

Torta Sacher (torta vienense) 48

Yakissoba 74

Pedro Alexandrino. *Banana e metal*, c. 1900. Pinacoteca do Estado de São Paulo.

APRESENTAÇÃO

Os hábitos alimentares constituem um domínio em que a tradição e a inovação têm a mesma importância, em que o passado e o presente se entrelaçam para satisfazer a necessidade do momento, trazer a alegria de um instante e convir às circunstâncias. Com seu alto grau de ritualização e seu considerável investimento afetivo, as atividades culinárias são para grande parte das mulheres de todas as idades um lugar de felicidade, de prazer, de invenção.

Luce Giard, "Cozinhar",
em *Invenção do cotidiano*, v.2. São Paulo: Vozes, 2013.

As relíquias culinárias, depositadas em cadernos de receitas com páginas amareladas mantidos pelas famílias, testemunham datas importantes e despertam todos os nossos sentidos e sensações. O aroma, o sabor e também a estética das iguarias e dos pratos nos remetem a um universo de reminiscências, principalmente relacionadas às reuniões familiares: as festas de aniversário, os casamentos, a Páscoa e as comemorações natalinas. São lembranças afetivas de momentos mágicos e datas importantes que marcam nossas vidas. Mas não apenas isso.

Esses cadernos resgatam, também, os gostos, as formas de confeccionar os pratos, as técnicas e os utensílios empregados em cada época – gostos tão diferentes, mas que se cruzam ao longo do tempo. Nesse sentido, esses registros servem, igualmente, para iluminar o interesse antropológico e histórico a partir dos hábitos alimentares, uma vez que cada época apresenta novidades culturais no modelo alimentar.

É verdade que, no âmbito da cultura material, a alimentação se destaca como uma realidade universal, como o aspecto mais importante das estruturas da vida cotidiana. Contudo, a alimentação também envolve, entre outras coisas, questões sociais e culturais:

Entende-se que comida [...] é cultura quando consumida, porque o homem, embora podendo comer de tudo, ou talvez justamente por isso, na ver-

dade não come qualquer coisa, mas escolhe a própria comida, com critérios ligados tanto às dimensões econômicas e nutricionais dos gestos quanto aos valores simbólicos de que a própria comida se reveste.[1]

Este projeto dedicou-se a resgatar, em cadernos de receitas mantidos por famílias de imigrantes, diferentes tradições culinárias que contribuíram para a formação da cultura brasileira. Para tanto, além de nos debruçarmos sobre os próprios cadernos, empreendemos uma série de entrevistas com integrantes das famílias que tão zelosamente mantêm esses registros para que sejam passados a gerações vindouras.

Realizar tais enquetes sobre a cozinha familiar é uma iniciativa repleta de encantos e boas surpresas. Juntamente com os entrevistados, participamos de um ambiente caloroso, enquanto compartilhamos das saborosas reminiscências culinárias.

O objetivo das entrevistas era o de obter informações a respeito dos cadernos. Em alguns depoimentos, porém, ficou claro que muitas receitas ainda estavam guardadas apenas na memória, e que eram transmitidas oralmente de geração a geração. Esse dado reforça a noção de que tanto as tradições culinárias quanto os gostos, preferências e modos de consumir os alimentos são processos marcados profundamente por afetos, como constatou Michel de Certeau:

[...] nós comemos o que nossa mãe nos ensinou a comer – ou o que a mãe de nossa mãe lhe ensinou a comer. Gostamos daquilo que ela gostava, do doce ou do salgado, da geleia da manhã ou dos cereais, [...] de tal forma que é mais lógico acreditar que comemos nossas lembranças, as mais seguras, temperadas de ternura e de ritos, que marcaram nossa primeira infância.[2]

Dessa forma, o comportamento associado à alimentação se entrelaça com nossa identidade sociocultural, na medida em que determinados ritos são inerentes às lembranças culinárias criadas no âmago familiar e, a partir delas, reproduzidos:

---

1. Montanari, Massimo. *Comida como cultura*. São Paulo: Senac, 2008, p.16.
2. Certeau, Michel de. *A invenção do cotidiano: morar, cozinhar*. Petrópolis (RJ): Vozes, 1996, p.249-50.

Apresentação

[...] os hábitos alimentares continuam sendo veículos de profunda emoção. Nossas atitudes em relação à comida são normalmente aprendidas cedo e bem, e são, em geral, inculcadas por adultos afetivamente poderosos, o que confere ao nosso comportamento um poder sentimental duradouro.[3]

As reminiscências culinárias são cultivadas desde a infância, entrelaçando o passado e o presente. Para o antropólogo Sidney Mintz,

O comportamento relativo à comida revela repetidamente a cultura em que cada um está inserido. Nossos filhos são treinados de acordo com isso. O aprendizado, que apresenta características como requinte pessoal, destreza manual, cooperação e compartilhamento, restrição e reciprocidade, é atribuído à socialização alimentar das crianças por sociedades diferentes. Os hábitos alimentares podem mudar inteiramente quando crescemos, mas a memória e o peso do primeiro aprendizado alimentar e algumas das formas sociais aprendidas através dele permanecem, talvez para sempre, em nossa consciência, como atesta a amada madeleine de Proust, o caso mais famoso.[4]

Através dos cadernos de receitas das famílias, de nossas avós, mães, parentes e amigas, podemos conferir os modelos alimentares de uma época e suas transformações históricas, além de resgatar as identidades e as raízes culturais dos povos a que pertencem. Essa perspectiva se torna particularmente profícua e interessante quando o objeto em questão são as receitas trazidas ao Brasil por imigrantes.

Muitos dos nossos entrevistados foram forçados ao exílio por problemas financeiros ou pela conjuntura política. Nesse sentido, os cadernos de receitas dos imigrantes não apenas cumpriam a tarefa de transmitir uma herança gastronômica, que abrange modos de preparar e de servir os alimentos, mas também serviram a essas pessoas como uma forma de, num novo país, proteger suas identidades e manifestar suas origens culturais por meio da culinária.

3. Mintz, Sidney. "Comida e antropologia: uma breve revisão". *Revista Brasileira de Ciências Sociais*, São Paulo, v.16, n.47, out. 2001, p.42.
4. Ibid., p.32.

Imigrantes das mais variadas origens chegaram principalmente a São Paulo, a partir de 1870, para trabalhar na lavoura de café que predominava em todo o estado. Durante a Segunda Guerra Mundial, outra leva de imigrantes aportou no Brasil, instalando-se nas grandes cidades. O resgate cultural e o intercâmbio de receitas desses vários grupos de múltiplas procedências nos remetem aos aromas, aos sabores e às cores que constituem a identidade alimentar de diferentes povos.

Essas tradições culinárias interagiram com os ingredientes e sabores já estruturados nas diversas regiões do Brasil, resultando em experiências gustativas prazerosas não só para os recém-chegados como também para os moradores previamente estabelecidos. Nesse sentido, há que se concordar com o que afirma Donna Gabaccia: *a etnicidade foi formadora dos hábitos alimentares nas Américas, desde o período colonial*.

Mas tal noção deve ser complementada por perspectiva semelhante à de Jean-Louis Flandrin, historiador francês e especialista em história da alimentação, que diz: "da mesma maneira que [a alimentação] varia no espaço, de um povo a um outro povo, também o gosto varia no tempo, no seio de um mesmo povo".

Os imigrantes introduziram na própria alimentação produtos do Novo Mundo, mas também cultivaram uma variedade de verduras e legumes dos quais já faziam uso em suas terras de origem. Por outro lado, adaptaram-se bem ao arroz com feijão local. Nos cadernos, porém, predominam as receitas de sobremesas, pois exigem precisão nas medidas e atenção aos procedimentos e às etapas da feitura. Assim, sobressaem-se, nas páginas amareladas anotadas com caligrafia caprichada, os bolos, os pudins, os cremes, os suflês e as geleias.

A comida é a expressão cultural de um povo. Cada povo, cada região, tem suas preferências e seus modos próprios de preparar e consumir os alimentos. E, como dizia Donna Gabaccia, "investigar os hábitos alimentares dos grupos que imigraram para o Brasil é descobrir os aromas, os ingredientes, as práticas e os costumes que, vindos de terras longínquas, passaram a integrar também as nossas mesas".

Rosa Belluzzo

MIGRAÇÕES À MESA

No ano de 2016, as equipes do Museu da Imigração do Estado de São Paulo se dedicaram a um projeto intenso, repleto de histórias, sabores e afetos: a exposição temporária Migrações à mesa. Partindo de recorrências – dos objetos de cozinha em nosso acervo e da culinária em nossa programação, com destaque para a tradicional Festa do Imigrante –, esse projeto buscou expressar a importância da alimentação como patrimônio cultural das migrações.

Assim como outros traços culturais das mais diversas sociedades ao redor do mundo, a cozinha é migrante. Uma das mais íntimas marcas dos costumes de um local, a culinária é talvez o primeiro elemento que se busca encontrar ou reproduzir nas terras de destino. Os sabores familiares evocam de certa forma as mais antigas lembranças afetivas relacionadas às memórias, tanto individuais quanto coletivas.

Como centro da pesquisa, os cadernos de receitas foram escolhidos por serem, além de repositórios dessas heranças culturais, objetos palpáveis e singulares em seu aspecto material – a caligrafia, a tinta, o idioma, a organização e o estilo os tornam índices de relações sociais e familiares, vividas de maneira única por cada indivíduo. Porém, os tesouros afetivos que essas receitas guardam, junto com as delícias que preservam do tempo, não repousam apenas em cadernos; ocupam também importantes lugares da memória. É por meio da memória que o conhecimento é transmitido de geração a geração, através da experiência cotidiana, do convívio e da observação.

Foi assim que surgiu a ideia de Migrações à mesa: uma chamada pelas redes sociais convidou imigrantes e seus descendentes a apresentar seus cadernos de receitas familiares para participar da futura exposição. Após uma difícil seleção, chegamos ao número de dez famílias, cujas histórias ilustravam uma parte das diversas influências que constituem a cultura gastronômica paulista. Foram então realizadas entrevistas com esses participantes, que nos relataram suas histórias, suas trajetórias e a relação com seus cadernos de receitas e suas comidas favoritas.

Cada cultura, ao migrar, dá origem a uma nova cultura. Isso também se passa com as receitas – aperfeiçoadas, misturadas, rasuradas e incorporadas ao longo do tempo e através do espaço. As origens migrantes desse patrimônio estão presentes em algumas das preparações escritas, mas também nas memórias e no próprio temperamento de cada participante.

O fato de, às vezes, as receitas consideradas típicas de um determinado povo não constarem das anotações também nos fez pensar sobre as ausências: nem sempre o caderno reflete com exatidão o que estava à mesa de cada família – ele é um universo à parte, com influências diversas, guardando desde receitas refinadas que nunca foram feitas até aquelas reproduzidas tantas vezes que já nem precisariam estar ali. Por outro lado, a presença assídua do bolo de fubá, do pudim de leite, do pão de minuto e da torta de frango, por exemplo, nos leva às origens da própria cultura paulista – rica e diversificada, mas também repleta de peculiaridades.

A relação entre comida e sociedade é um tema fascinante, que pode ser abordado das mais diversas maneiras. Seu papel na conformação das identidades e das culturas remonta, já em sua essência, ao movimento e aos deslocamentos do ser humano ao redor do mundo e, portanto, ao escopo central do Museu da Imigração. Assim, o objetivo da exposição foi trazer à luz esses objetos e histórias repletos de significados que constituem um verdadeiro tesouro, tanto por seu valor histórico quanto por seu valor afetivo e, ainda, pelas inúmeras questões sociais, culturais e materiais suscitadas por eles. A maneira de anotar as receitas e organizar cada caderno, a mistura de línguas, caligrafias e tintas, o uso de utensílios e ingredientes, os modos de fazer e as relações sociais e de gênero foram algumas das questões que nortearam nossos olhares em relação a esses objetos.

A utilização dos ingredientes nas preparações culinárias, por exemplo, pode variar muito ao longo do tempo e do espaço. Alguns perduram por décadas ou mesmo por séculos, enquanto outros desaparecem junto com as modas; alguns atravessam oceanos, outros se restringem a pequenos espaços geográficos.

A metade do século XX foi palco de um intenso crescimento da indústria alimentícia, o que pode ser observado na presença marcante de alimentos

Hospedaria dos Imigrantes, 1938.
Museu da Imigração do Estado
de São Paulo.

Migrações à mesa

industrializados nos cadernos desse período, que costumam misturar costumes familiares tradicionais com o intenso consumo de enlatados. Assim como tudo é cíclico na história dos gostos e dos costumes, o interesse culinário tem, atualmente, se voltado mais uma vez para a utilização de produtos orgânicos e menos processados, mais parecidos com aqueles utilizados antes da busca pela praticidade em primeiro lugar.

A organização material do caderno também foi um ponto de interesse: raramente um caderno de receita é escrito de uma só vez. O modo de registrar uma receita também varia de acordo com a intimidade de cada um com sua realização. Em suas páginas, com toda sorte de cores de tinta, tipos de letras, idiomas, colagens e anotações posteriores, as iguarias mais corriqueiras costumam listar apenas os ingredientes utilizados, enquanto as mais complexas exigem detalhamentos maiores. Além disso, há as receitas estruturadas em "Ingredientes" e "Modo de preparo" e aquelas narradas conforme as etapas de realização.

Com o intuito de tornar uma receita reproduzível por qualquer pessoa que a leia, os ingredientes são sempre apresentados com sua respectiva quantidade. Embora atualmente existam medidores com quantidades convencionadas, em muitas casas ainda são usados utensílios corriqueiros para esse fim, mesmo que haja distorções visíveis entre os tamanhos dos objetos. Além disso, são comuns as qualificações "xícara rasa", "xícara menos um dedo" e "xícara generosa", que inspiram pouca confiança. Medida é então uma variante a ser considerada e por vezes desafiada; as receitas rasuradas nos cadernos aqui apresentados são prova desses enfrentamentos, seja para satisfazer gostos particulares ou para atender a realidade de famílias cada vez menores.

No universo da culinária, o modo de preparo é parte essencial do ato de cozinhar; não é de estranhar, porém, que algumas receitas apresentassem somente a lista de ingredientes: o que acontece é que a maneira de preparar determinado alimento já é conhecida pelo autor do caderno. Um caderno não é necessariamente a chave da arte culinária – é preciso um conhecimento prévio, ou, ainda, um convívio familiar anterior que permita essa troca de saberes entre as gerações. As relações familiares que se constroem ao redor da cozinha trazem consigo não apenas preciosas memórias afetivas, mas uma grande carga de conhecimentos das mais diversas instâncias, o que torna esse convívio muito rico.

Dominar as técnicas para trabalhar ou preparar cada ingrediente – cortar, moer, trinchar, espremer, ralar, coar, modelar – significa deter os saberes que possibilitam extrair do alimento o melhor sabor que ele pode oferecer ou a forma mais prazerosa de consumi-lo. Algumas técnicas são intuitivas, e os gestuais que elas envolvem, cotidianos. Já outras requerem treino e prática, além de instrumentos específicos. Nas receitas, as técnicas aparecem nas entrelinhas, geralmente enumerando as etapas na forma de procedimentos (bata as claras em neve, estique a massa), mas sem aprofundar os detalhes, ou nomeando o estado dos ingredientes a serem usados (cenoura picada, carne moída, café coado).

É bastante difícil definir com exatidão o que seria considerado uma cozinha tradicional paulista, uma vez que ela é repleta de influências migrantes. A mistura cultural remete ao período da colonização do Brasil: à cultura indígena somaram-se a dos negros, trazidos de diversas regiões da África, e aquela dos colonizadores portugueses. A partir da metade do século XIX, as culturas italiana, espanhola, japonesa e de tantas outras nacionalidades também contribuíram para formar nosso paladar e desenhar o formato de nossos almoços e jantares em família. Assim, muitas receitas se repetem em cadernos de origem italiana, portuguesa, japonesa, espanhola, árabe etc. E é essa mistura de elementos que dá o tom da culinária paulista.

Hoje, novos grupos de migrantes adotam o estado de São Paulo como lar: bolivianos, peruanos, haitianos, congoleses, angolanos, nigerianos, coreanos e muitos outros, além dos próprios brasileiros vindos de outras partes do país. Para todos eles, a culinária muitas vezes extrapola o ambiente doméstico para se tornar fonte de renda, seja pela venda ambulante de iguarias, seja pela abertura de estabelecimentos gastronômicos. Como prática doméstica ou econômica, a culinária tem ainda o papel de dar visibilidade a suas culturas originárias e de expressar sua representatividade em nossa sociedade.

Migrações à mesa

Para além das inúmeras questões levantadas pela análise desses cadernos e das receitas que eles contêm, lançar luz sobre essas histórias e esses saberes é também um exercício de rememoração das próprias raízes, sejam elas quais forem; e poucos lugares são tão aconchegantes para cultivar essas raízes quanto a cozinha, ao calor do forno e do fogão, ou ao redor das mesas, em conversas repletas de histórias e lembranças.

Foi um imenso prazer rememorar essas experiências e revisitar receitas e narrativas, agora compiladas neste volume e somadas a novas experiências e paladares. Convidamos, então, os leitores a conferir os processos de aromas e sabores e que são ao mesmo tempo únicas e comuns a todos nós.

Angélica Beghini Morales
Mariana Esteves Martins
Curadoras da exposição "Migrações à mesa",
em cartaz no Museu da Imigração entre 2016 e 2017.

Trem com imigrantes chegando à
Hospedaria dos Imigrantes, *c.* 1930.
Museu da Imigração do Estado
de São Paulo.

PREFÁCIO

As receitas, para mim, sempre guardaram certo mistério. Por exemplo, como é possível que os ingredientes básicos de um bolo – farinha, ovos e açúcar – produzam formas e sabores tão diferentes? Creio que o segredo sejam as receitas, que, estabelecendo quantidades e procedimentos específicos, produzem pratos únicos em termos de sabor. Deve vir daí, acredito eu, a diversidade cultural das tradições culinárias, com seus mais variados costumes, que produzem ao mesmo tempo diferentes sabores e distintas relações com os alimentos.

Venho de uma família em que a comida sempre foi muito valorizada – uma valorização que, a depender da ocasião, podia se manifestar ora como culpa, ora como comemoração. A culpa vinha no caso de deixarmos sobras no prato, o que, além do pecado do desperdício, ainda trazia à consciência o fantasma das crianças famintas, dos pobres que não tinham o que comer, dos horrores da guerra. Esses fatos eram lembrados a todo momento e, por isso mesmo, constituíam uma presença permanente. Assim, era preciso valorizar e agradecer a refeição, e fazer dela um ato sagrado.

Mas a valorização da comida se tornava mais evidente nas comemorações de cunho tradicional ou religioso – não importava se cristãs, como o Natal, o Ano-Novo, a Quaresma e a Páscoa, ou judaicas, como o Yom Kippur, o Pessach, o Bar Mitzvá, além daquelas que celebram momentos marcantes da vida de indivíduos e famílias, como os casamentos, os nascimentos e mesmo as mortes, que algumas religiões homenageiam com banquetes. Em todas essas ocasiões, a comida não se faz apenas presente, mas tem muitas vezes um papel indispensável que se manifesta principalmente nos pratos tradicionais a cada uma delas.

Assim, o mingau de semolina e passas é consumido pelas famílias sírias ou libanesas para celebrar o nascimento das crianças, como forma de expressar os votos por uma vida farta e doce para os recém-nascidos. Já a matzá é imprescindível na comemoração da páscoa judaica, pois guarda um sentido não apenas religioso, mas também de preservação da tradição dos rituais, que assim se mantêm ano após ano. Por sua vez, os cristãos associam o peru assado diretamente ao Natal, as lentilhas e a romã ao Ano-Novo, o bacalhau à Páscoa e assim por diante.

Da mesma forma, as celebrações sociais fora da alçada da tradição e da religião também costumam ser marcadas por comes e bebes. É o caso das reuniões de amigos, que sempre ensejam um almoço, uma cerveja, um vinho, ou um café, que seja. O fato é que os encontros sociais se associam, na maioria das vezes, às comemorações. Nesse sentido, não é de estranhar a valorização da gastronomia em nossa cultura, perceptível na exaltação dos restaurantes, das novidades alimentícias, dos livros de receitas e dos programas de culinária. Mas há também nesse universo muito espaço para a sensibilidade e os afetos.

Todos nós temos preferências alimentares, saudades dos aromas de pratos que há tempos não consumimos, das comidas preparadas com carinho por nossas mães, tias, avós... Enfim, todos nós temos nossas receitas afetivas, como as coletadas neste volume a partir de cadernos e entrevistas.

Este mosaico de cores e sabores que coligimos exprime a diversidade dos nossos entrevistados, nossos personagens. Através de seus relatos e de suas receitas, o leitor terá contato não apenas com pratos e tradições de diferentes países, mas em especial com a forma como esses sujeitos e suas famílias se relacionam com a comida. Cada entrevistado, ao rememorar seus pratos prediletos, ao emprestar os cadernos de receitas da família, ao oferecer seu depoimento, não deixa de revelar um pouco de suas origens, de suas preferências, de suas memórias – em resumo, de seus afetos.

Betty Loeb Greiber

Amanda Villela Bittencourt e Mariana Bittencourt Weber

Amanda Villela Bittencourt e Mariana Bittencourt Weber

Sou Amanda Maria Villela Bittencourt, mãe da Mariana. Sou curitibana e vivo em Vitória, no Espírito Santo, há 31 anos. A maior parte de nossa família permanece no Paraná, mas temos uma origem interessante. Meu bisavô materno era espanhol e veio ainda adolescente para o Brasil, juntamente com um irmão e uma irmã já casada. O plano original era chegar ao Paraná, onde se dizia que havia assentamentos de imigrantes e muita oportunidade de trabalho, embora não estivessem propriamente interessados em trabalhar na lavoura. Aproveitaram a ocasião favorável e, na Espanha, embarcaram num navio rumo ao Brasil.

O pai e o avô deles estavam bem estabelecidos na Espanha, eram proprietários de terras e comerciantes. Viviam em Albacete.

Meu bisavô era nascido em Tarazona de la Mancha, região da história de Dom Quixote. Quando a mãe deles faleceu, dizem que o pai entrou em depressão e o irmão mais velho assumiu os negócios da família, mas, ao que parece, ele era um sujeito difícil de lidar, e os irmãos decidiram buscar novas alternativas de trabalho.

Em um primeiro momento, partiram para Madri, mas, além dos problemas da administração familiar, eles enfrentaram ainda os problemas conjunturais, pois a Espanha se encontrava em dificuldades econômicas, e por isso decidiram emigrar.

A Rússia era uma opção, a princípio, já que também estava recebendo imigrantes, mas eles acabaram decidindo vir ao Brasil para fazer uma avaliação. O plano inicial era permanecer aqui por dois ou três meses e eventualmente seguir até a Argentina.

Aportaram no Rio de Janeiro em 1890, ocasião em que o país enfrentava uma epidemia de febre amarela. No segundo dia após sua chegada, o cunhado faleceu. A irmã,

p.26. Diego Velázquez. *O almoço*, 1617.

Irati, Paraná. Acervo da família.

muito assustada, quis logo retornar para casa, mas meu bisavô e o outro irmão decidiram tentar a sorte por aqui.

Rumaram para Paranaguá, depois para Curitiba e para o interior do Paraná. Parece que não se apresentaram nos núcleos onde se organizavam os assentamentos de imigrantes, temendo serem direcionados para trabalhos na lavoura. Seguiram então para os assentamentos no interior do estado, em São Mateus do Sul, onde conseguiram trabalho como agrimensores, fazendo a medição dos lotes que seriam entregues aos imigrantes. Acabaram ficando por lá.

Passado um tempo, o irmão mais velho começou a trabalhar como carpinteiro e depois virou construtor. Meu bisavô alistou-se no Exército brasileiro e combateu ao lado das tropas do governo na Revolução Federalista ocorrida entre 1893 e 1895. Na batalha da Lapa (Paraná), foi ferido no peito e levado como prisioneiro para o Rio Grande do Sul, de onde conseguiu fugir e retornar ao Paraná.

Ele seguiu na carreira militar por um período, foi comissário de polícia em alguns locais, mas acabou retomando sua vocação para as atividades comerciais. Montou um comércio no Paraná, na região de Irati, aproveitando o período de construção das estradas de ferro. Casou-se com uma paranaense, foi prosperando e nunca mais retornou à Espanha, nem ele nem seu irmão. Já a irmã que viera com eles, a Maria Cruz, nunca quis voltar ao Brasil. Mantiveram contato com a família por carta e por intermédio dos parentes que eventualmente vinham visitá-los.

Eu me lembro da tia Pepita, com sotaque espanhol, quando eu era criança. A tia Pepita fazia um bolo de chocolate muito gostoso. Ela me deu a receita, pois não estava no caderno, mas ela ditou e eu anotei. Na lista de ingredientes da tia Pepita, constava uma xícara de *aceite*... Eu fiz o bolo e coloquei azeite de oliva. Ficou um cheiro esquisito na casa, um cheiro bem ruim, e normalmente quando o bolo está assando fica um cheirinho bom, não é? Pois é, ninguém quis comer o bolo, pois ficou impregnado com o cheiro do azeite. Eu dei para o cachorro comer, mas nem o cachorro quis. Daí comentei com minha mãe que tinha feito o bolo da tia Pepita com azeite e não tinha dado certo... e ela me disse que era para ter colocado óleo, porque *aceite* era como a tia Pepita se referia a óleo de maneira geral!

Eu também brinquei muito na casa dos meus bisavós em Irati, as férias de minha infância. Minha mãe se lembra que durante toda a sua infância nunca faltaram produtos espanhóis. Meu bisavô sempre importava direto os produtos que consumiam. Ele não comercializava produtos alimentícios, mas sempre tinha azeitona, azeite espanhol e nozes. Vinham em sacos e não faltava vinho para os adultos e as crianças. Para os pequenos misturava-se com água e açúcar, era o refresco infantil nas festas, uma bebida cor-de-rosa bem clarinha. Acho que por isso até hoje eu gosto de tomar vinho, aprendi desde pequenininha.

Eu não me lembro muito bem desse bisavô, porque faleceu quando eu era pequena; tenho mais lembrança da minha bisavó paranaense. Contudo, a herança espanhola sempre foi muito presente em nossa família, e nunca perdemos o contato com os parentes na Espanha. Parentes vinham nos visitar, viajávamos para a Espanha, apenas meu bisavô nunca voltou ao país de origem. Eu sempre me considerei meio espanhola.

Do ambiente das comidas, da cozinha, eu me recordo de que na casa de meus bisavós havia duas salas de refeição, uma para as crianças e outra para os adultos. A comida era invariavelmente feita em casa e as festas sempre se davam em volta da mesa, tradição que se manteve na família.

Meu pai tinha uma irmã que se casou com um fazendeiro de Lages. Durante as férias passávamos pelo menos uns quinze dias na fazenda dos meus tios. Era uma delícia, a família reunida em volta da mesa, os churrascos, os doces caseiros da fazenda, os bolinhos de polvilho...

No dia a dia geralmente a comida era brasileira, como carne assada, arroz e feijão. Da culinária espanhola, não me lembro de muitas receitas, mas sempre tinha frios, como salame e outros embutidos. Dos cadernos de receitas da família, três deles certamente eram da minha mãe Etelvina – Viquinha para a família, por conta do apelido de sua avó, Vica, que também se chamava Etelvina. O caderno não tem data, mas tem receitas da família toda e dos amigos. Minha mãe viajou bastante e viveu no exterior também.

Nasceu em Irati, no Paraná, onde se casou com meu pai, que era da cidade de Castro. Mudaram-se em seguida para Minas Gerais, por isso tem muitas receitas mineiras no caderno. De Minas, meus pais foram para o Rio de Janeiro, onde viveram por um período e depois se transferiram para São Paulo, onde passaram a maior parte da vida, 36 anos. Moraram na Nigéria também, durante cinco anos, e dois anos no Peru. No caderno tem algumas receitas de amigos estrangeiros e várias da tia Miriam, irmã do meu pai.

Há algumas curiosidades nos cadernos. As receitas de biscoito ou bolinho de polvilho, que no Paraná chamam de pipoca. No caderno tem umas sete receitas, variações da original. Era muito comum prepará-la para o lanche da tarde, pois é relativamente simples. Então tem "pipoca da Fulana", tem receitas com a minha letra, de quando eu era adolescente, pois às vezes minha mãe pedia para eu passar para o caderno alguma receita das amigas dela. Os cadernos antigos estão bem gastos, pois ficavam na cozinha e eram de fato muito usados.

Quando me casei, resolvi fazer um caderno para mim. Copiei muitas das receitas de minha mãe, aquelas de que eu gostava mais, e fui acrescentando outras, em geral passadas por amigas. Tem até a letra da Mariana, caligrafia de criança, porque ela me ajudava, e recentemente acabei dando o caderno para ela. Eu mudei de uma casa para um apartamento menor em Vitória e me desfiz de algumas coisas, dei para os filhos. A única coisa que a Mariana me pediu foram os cadernos de receitas. Entreguei a ela também uma caixa cheia de recortes com receitas, papéis soltos e folhetos que eu guardava.

Mariana não cozinhava nada, mas seu ex-marido cozinha muito bem. Até o filho dela nascer, só fazia sopa de cebola, arroz, ovo, comidas bem simples. Depois, começou a aproveitar as receitas do caderno, e foi assim que eu e ela acabamos nos aproximando bastante. Ela criou até um blog de culinária. Muitas vezes a Mariana me liga para tirar alguma dúvida, pois há receitas que não têm o modo de preparo. Um dia ela me telefonou: "Mãe, o que é escaldar?".

Várias receitas são muito vívidas em sua memória, e outras ela não se lembra de ter experimentado. De fato, muitas delas nem eu mesma experimentei, só guardei porque achei interessantes, porque ganhei de um amigo ou porque copiei do caderno de minha mãe e acabei nunca me arriscando.

É muito interessante criar essas conexões, tirar as dúvidas na família, relembrar de pessoas queridas quando deparamos com a receita de Fulana, que foi amiga da mamãe na época em que viveu em Minas, de uma outra tia ou amiga. Eu me lembro de minha primeira incursão na cozinha, ainda adolescente, para preparar biscoitos de araruta. Acho que no caderno está como "bolacha Julinha". Julinha era uma amiga de minha mãe que fazia esses biscoitos, que eu adorava, desde criança. Era fácil encontrar araruta naquela época, mas, quando comentei com a Mariana sobre essa receita, ela teve dificuldade em encontrar a araruta, que é uma farinha branca bem fininha, com um sabor característico. Ela pesquisou sobre a origem, é extraída de uma planta que tem um caule ou raiz subterrânea. Parece que hoje há um movimento de resgate da araruta.

Outro ingrediente que aparece nas receitas e não se compra com facilidade hoje é a banha de porco; é mais fácil achar aquelas barras de gordura vegetal. Dá para fazer em casa, se você comprar pele de porco e derreter. Quem deu a dica à Mariana foi o Jefferson Rueda, *chef* que ela entrevistou para o trabalho dela. E na parte das sobremesas tem o leite condensado, um item que se tornou indispensável, mas que antigamente não se usava com tanta frequência.

Os cadernos de receitas da minha mãe foram encontrados em 2008 pelas minhas irmãs, que moram nos Estados Unidos. Elas ficaram empolgadas com o interesse da Mariana e os localizaram entre as coisas da mamãe, já falecida. Emprestaram os cadernos e, ao analisá-los, tentamos adivinhar as datas, em função da mudança nas letras. Há um caderno que deve ter sido do tempo de solteira dela, pelo capricho na grafia. Duvido que ela tivesse tempo de desenhar as letras depois que nasceram as filhas... No outro tem um texto anotado no final, que diz: "E serás feliz". Não sei de onde tirou, mas acho que era o mandamento dela para o lar.

No meio dos cadernos há recortes de jornal, receitas de amigas ou de embalagens. Tem um recorte com receita de salada Waldorf, empada Walita e a sopa Walita, que é deliciosa. Foi a dona Maria, avó do meu marido, quem aprendeu a fazer em uma aula de culinária; ela cozinhava muito bem e fazia vários cursos. A sopa era batida no liquidificador, daí o seu nome. Com exceção da batata, os ingredientes eram batidos crus; cenoura, tomate e só a batata cozida em água quente.

Atualmente, Mariana prepara as receitas para o filho, meu neto. Entre as primeiras que ela fez estava a torta de banana, uma de suas preferidas. Outra de que ela gostava muito e que seu filho adorou foi a torta de sardinha, muito simples de fazer.

Tem muitas receitas de doces. Nas receitas salgadas, é mais fácil usar a intuição em vez de medidas precisas. Tem muitos salgadinhos de festa; nos aniversários do meu neto, ela usa as receitas do caderno. Da última vez ele também participou, ajudando com os brigadeiros, único doce essencial para ele, mas também fizemos doce de amendoim e de abacaxi. Esse abacaxizinho faz muito sucesso, é uma das receitas mais buscadas no blog. Mariana tentou reduzir a quantidade de açúcar, mas não deu liga. Os doces de antigamente eram muito doces, consumíamos muito mais açúcar do que hoje, todo mundo sempre tinha algum doce em casa.

Eu me lembro de uma receita de sobremesa que minha mãe fazia e que era tradicional na família, a torta de nozes. Receita da minha avó Ester, filha do meu bisavô imigrante. Feita com nozes moídas e ovos moles, certamente uma receita espanhola. Ovos moles e doce de damasco para rechear, nozes moídas, clara batida e um pouquinho de farinha de rosca para dar liga, não leva farinha. Uma delícia!

Um dia a Mariana foi fazer o lagarto assado da avó. Pegou a receita do caderno, mas não gostou do resultado, pois o prato não ficou com a mesma cara. Eu descobri que a receita da minha mãe não estava anotada no caderno; a Mariana deve ter feito uma receita que alguém passou para ela.

Foi na ocasião em que começamos a lidar com os cadernos de receita da família que minha filha decidiu criar o blog. Começou também a testar as receitas, mas muitas vezes fazia e não dava certo, pois as receitas realmente não ensinam as dicas, pressupõem que a pessoa sabe como executar.

Ela foi experimentando, errando muitas vezes e acertando outras, pesquisando na internet... Com o pé de moleque foi assim: a receita no caderno era "pé de moleque de festa junina". Na realidade, havia duas receitas no caderno, uma com leite condensado e a outra com Karo. Ela não quis fazer nenhuma das versões, acabou comprando melado e encontrou receitas com esse ingrediente. Da primeira vez, queimou, mas depois ela acertou a receita e ficou bem gostoso, uma versão puxa-puxa do doce.

Refletindo melhor, cheguei à conclusão do porquê de não ter muitas receitas espanholas nos cadernos. Quem fez os cadernos foram as mulheres brasileiras dos imigrantes espanhóis, eles eram rapazes quando chegaram, moraram em acampamento durante um período. Ao se casarem, era complicado pedir para a mulher brasileira fazer comida espanhola. O que restou de influência foi a presença constante das nozes, azeitonas, vinho, salame e do azeite espanhol em suas casas. Provavelmente, quando as tias vinham da Espanha, elas preparavam alguma comida especial, como o puchero ou o cozido português, um prato que depois se fazia muito na casa da avó Viquinha, já meio adaptada ao gosto brasileiro.

Um desses cadernos deve ter sido produzido na ocasião do meu casamento, pois minha mãe havia feito um para me presentear. Quando o folheamos, nós nos divertimos muito ao encontrar a parte dos drinques, refrescos e licores. Tem os drinques "para a senhora" e "para o senhor"; os das mulheres geralmente são mais doces ou com menor proporção de álcool. Tem uísque com Coca-Cola, "beijo com amor" etc.

No fim das contas, acredito que esses três ou quatro cadernos sejam muito representativos do que era a cozinha de uma dona de casa dos anos 1960/1970, misturando as receitas tradicionais que aprendi com minha avó com a receita do verso da embalagem de leite condensado. É interessante ver como os cadernos atravessaram gerações e agora estão sendo reinventados pela minha filha.

Torta de liquidificador

Ingredientes

Massa
- 2 xícaras de leite
- 2 ovos
- ½ xícara de óleo
- 10 colheres (sopa) de farinha de trigo
- 1 dente de alho
- 1 colher (sopa) de fermento
- 1 pires de queijo ralado
- Sal, pimenta-do-reino e cheiro-verde a gosto

Recheio
- ½ cebola picada
- 1 dente de alho picado
- 2 colheres (sopa) de azeite
- 1 lata de tomate pelado
- 1 lata de sardinha
- Azeitonas a gosto
- Salsinha a gosto
- Sal e pimenta-do-reino a gosto

Modo de preparo

Massa
- Bater todos os ingredientes no liquidificador e despejar a massa em uma assadeira untada.

Recheio
- Preaquecer o forno a 180ºC.
- Refogar a cebola e o alho no azeite. Juntar o tomate, a sardinha desfiada e os demais ingredientes. Cozinhar até os tomates desmancharem e o molho ficar grosso.
- Acrescentar o sal, a salsinha e a pimenta-do--reino a gosto
- Despejar o recheio sobre a massa e levar ao forno para assar.

Suflê de chuchu

Ingredientes

- 3 ou 4 chuchus
- 3 ovos (gemas e claras separadas)
- 4 colheres (sopa) de parmesão ralado na hora
- 1 colher (sopa) bem cheia de manteiga
- 2 colheres (sopa) de amido de milho
- 1 colher (sopa) de farinha de trigo (ou o quanto bastar)
- Sal e cheiro-verde a gosto

Modo de preparo

- Preaquecer o forno a 220ºC.
- Cozinhar os chuchus em água e sal, sem a casca nem o miolo. Escorrer bem e amassar com um garfo.
- Misturar o chuchu, as gemas, o parmesão, o cheiro-verde picado e a manteiga. Acrescentar o amido de milho e, em seguida, a farinha, até atingir a consistência de massa mole.
- Bater as claras em neve e acrescentar delicadamente à massa, misturando com uma espátula, sem mexer demais para preservar a leveza.
- Despejar em uma forma untada e enfarinhada, sem encher demais, porque o suflê cresce bastante.
- Levar ao forno para assar até dourar (evitar abrir o forno durante o cozimento, pois pode fazer o suflê murchar).

Torta de banana

Ingredientes

- 1 ½ xícara (chá) de maisena
- 1 ½ xícara (chá) de açúcar
- 1 ½ xícara (chá) de farinha de trigo
- 1 colher (sopa) de açúcar aromatizado com baunilha
- 2 colheres (sopa) bem cheias de manteiga para a massa e mais 1 para salpicar sobre a torta montada
- 1 ovo
- 6 a 8 bananas maduras cortadas ao meio, no sentido do comprimento
- 1 bom punhado de ameixas secas
- Goiabada cortada a gosto (Obs.: Minha mãe contou que, a despeito da receita anotada, não colocava ameixas, só goiabada. Como eu só soube disso depois de ir às compras, coloquei também as ameixas e acho que funcionou bem)

Modo de preparo

- Preaquecer o forno a 200ºC.
- Em uma tigela grande, peneirar a farinha de trigo, a maisena e o açúcar e misturar bem.
- Acrescentar o ovo e a manteiga e misturar delicadamente, com os dedos, até obter a consistência de uma farofa bem granulada. Se for preciso, acrescentar mais manteiga.
- Em uma assadeira untada com manteiga, distribuir uma camada de farofa, outra de banana e pedaços de ameixa e goiabada. Distribuir outras camadas alternadamente.
- Cobrir a última camada com farofa e salpicar pedacinhos de manteiga.
- Levar ao forno para assar até a cobertura ficar dourada.

Betty Loeb Greiber

Betty Loeb Greiber

Tudo começou com uma cópia do caderno de receitas de meu avô. Um de meus irmãos o havia guardado e decidiu me entregá-lo simplesmente por se tratar de um objeto curioso e singular.

O caderno tem o formato e o tamanho de uma caderneta, mas, na verdade, é um manuscrito. Para mim, era quase um hieróglifo, tanto pela beleza da caligrafia como pela dificuldade de se apreender seu conteúdo – depois vim a saber que foi redigido em húngaro antigo, o que dificulta ainda mais a compreensão.

Nascidos ambos na Hungria, meus avós Erna Feldman e Ernesto Loeb se casaram na capital, Budapeste, no início do século XX – segundo meus cálculos, por volta de 1910, pois, antes do nascimento de meu pai, o primogênito, em 1913, o casal tivera uma filha que não sobreviveu, mas que chegou a receber o nome da mãe de Ernesto, Elizabeth, que vem a ser também o meu nome.

Consta que meu avô havia escrito as receitas no caderno para que a esposa, Erna, pudesse se valer delas para fazer algum dinheiro quando ele fosse convocado pelo exército húngaro para combater na Primeira Guerra Mundial (1914-1918), como de fato o foi. Foram tempos muito difíceis e, segundo nos contou nosso pai, minha avó, na ausência do marido, vendia doces sob encomenda para ajudar no sustento dos filhos.

Cortada pelo rio Danúbio, Budapeste, como se sabe, originou-se institucionalmente, em 1873, a partir da junção de três cidades: a moderna Peste e, do outro lado do rio, as antigas Óbuda e Buda, onde meus avós moravam com os filhos.

Porém, encerrada a Primeira Guerra, enquanto muitos países viveram a euforia dos anos 1920, a Hungria entrou em um período de grande instabilidade, passando, em poucos anos, de uma monarquia para uma república,

p.40. Johann Andreas Herrlein. *Uma família camponesa em casa*, século XVIII.

42

**Largo do Arouche,
década de 1950.**

Betty Loeb Greiber

para um Estado socialista e de novo para uma monarquia, que perdurou até a Segunda Guerra. Em meio a tantas revoltas, revoluções, golpes e restaurações, intensificavam-se a perseguição a certos grupos, como intelectuais, comunistas e judeus.

Assim, meu pai, Alexandre Loeb, instado por meu avô, que não via um bom futuro para o filho na Europa daqueles tempos, chegou ao Brasil em 1934. Em seguida, veio a irmã mais velha, minha tia Lily, em 1937. Meus avós, junto com a filha mais jovem, Magda, nascida em 1920, permaneceram na Hungria, morando no mesmo endereço, na cidade antiga, e só decidiram deixar o país depois de encerrada a Segunda Guerra.

Quando chegaram ao Brasil, em 1946, fomos todos ao Aeroporto de Congonhas para recebê-los: meus pais, tia Lily, a essa altura já casada e com uma filhinha, e eu, encantada com o passeio até aquele lugar intrigante, de onde decolavam e onde aterrissavam os aviões, e empolgada por conhecer meus avós.

Lembro-me bem das maçãs que eles trouxeram para nós. Eram grandes, lindas e muito vermelhas, com o desenho de um passarinho verde marcado na casca, como se tivesse sido traçado na fruta pela natureza. Depois eu soube que colavam um adesivo na maçã ainda verde, na árvore, e, depois de colhida, já madura, tiravam-lhe o adesivo, que tinha conservado na cor verde a porção encoberta.

Minha convivência com esses avós foi muito breve, mas os aromas daquela época permanecem na memória. O cheiro do fermento fresco preparado para os sonhos e para o *aranyi galushka*, bolo com nozes tradicional da terra natal deles. O perfume que exalavam as frutas cortadas para as geleias, especialmente a minha favorita, de laranja, cujo odor era o mais intenso. E ainda a fragrância da papoula moída, das compotas de maçã, das cerejas, do chocolate derretido, da calda de açúcar queimado para a cobertura espelhada do *dobush torta* [torta dobos]... Sou levada por uma vívida torrente de imagens, aromas e sabores assim que começo a rememorar aqueles tempos.

Mas, se com meus avós paternos a convivência foi breve, com os maternos, em compensação, ela foi intensa, quase cotidiana. Eles viviam em uma casa muito acolhedora no centro de São Paulo... E, no que se refere à comida, a primeira lembrança que associo a meus avós maternos é a da feira do largo do Arouche, organizada em frente à casa deles, na praça com pavimento de pedras portuguesas, interrompidas aqui e ali por plátanos enormes. Eu costumava frequentar a feira uma vez por semana, acompanhada de minhas duas avós: Elisa, a avó biológica, e Juca, a avó postiça, que trabalhava na casa dos meus avós e que eu adorava de paixão.

Íamos as três para a feira, munidas de uma cesta de palha que depois voltava recheada. Comprávamos muitas frutas deliciosas: morango, fruta-do-conde, uva, melancia... e a mexerica, cujas polpa e folhas eram usadas para fazer uma gelatina que se servia na própria casca da fruta. Outro item do qual jamais podíamos nos esquecer eram "os grandes ovos de gemas amarelas": segundo minha avó, os ovos que não viessem dessa feira eram pequenos e tinham gemas esverdeadas!

A feira era um verdadeiro acontecimento no largo do Arouche, o grande evento, o centro de tudo – pelo menos para mim. Do outro lado da praça ficava a Leiteria Leco, com o logotipo da vaquinha que balançava a cabeça, as garrafas bojudas de vidro, cheias de leite bem branco, e as réplicas reduzidas, com creme de leite e coalhada.

Na rua Rego Freitas estava localizada a Nosso Pão, que a avó Juca e eu frequentávamos pelo menos duas vezes semana. Lá, encarávamos a fila da farinha de trigo que, nessa época, era racionada devido à guerra. Ali também comprávamos farinha de milho, com a qual Juca fazia broas enormes, macias e perfumadas com erva-doce.

Na casa de minha avó Elisa, quem reinava na cozinha era a Juca. Chefe absoluta, se encarregava de preparar as refeições e deixar a casa limpa e perfumada – e ainda cuidar das crianças, cujos modos ela corrigia com carinho e severidade. Foi ela quem me ensinou a ler e a ver as horas.

Na hora de dormir, as histórias que minha avó contava tinham sempre o capítulo das delícias. Ela pegava a minha mão e, puxando de leve dedo a dedo, enumerava os petiscos deliciosos que faria para mim. Merengues com chantili, beijinhos de coco, polenta quentinha com lascas de queijo branco, mingau de aveia com sol (uma mancha amarela, no meio do prato, feita com manteiga) e balas de coco e de café – estas últimas, receita da tia Efigênia. E sempre encerrava com chave de ouro: os famosos "S", rolos de massa fina recheados com queijo branco e ricota.

Costumávamos passar as festas de fim de ano na fazenda de amigos da família, onde eu me sentia filha da casa, tamanha a generosidade com que era acolhida. Ali, antes das refeições, não podiam faltar para os adultos os sagrados aperitivos, as batidas de limão e coco e os petiscos para acompanhar. Nos almoços, as crianças disputavam praticamente no tapa pela pele torradinha do frango. "Você me dá a sua pele?" Era a pergunta mais frequente que as crianças faziam à mesa para os adultos. Como acompanhamento, nosso prato predileto era a batata com creme: cozida ao leite no fogão e depois no forno, com muito creme de leite.

De sobremesa, além das frutas, havia os maravilhosos ovos queimados, servidos com creme de leite fresco. Para arrematar, café com os biscoitinhos de araruta – os "da Cida" ou "da Benedita" – e o bolo de chocolate com cobertura de claras... No Natal, além das iguarias tradicionais, o bolo de hóstia com creme de chocolate, especialidade de meu sobrinho. Eu era a ajudante.

Ao longo do tempo, é claro, alguns pratos foram sendo deixados para trás, enquanto outros, recém-descobertos ou incorporados em nosso cotidiano, iam ganhando a preferência. Nesse processo, me vem de imediato à mente a lembrança das comidas que provei na casa de amigos queridos: o frango ao curry, as inesquecíveis batatas carameladas, o bolo de especiarias, o guefilte fish, o bolo de mel e o puchero.

Rolinhos de queijo

Ingredientes

Massa
- 100 g de manteiga mole
- 2 xícaras (chá) de farinha de trigo
- 1 colher (chá) de sal
- 1 colher (chá) de fermento em pó

Recheio
- 100 g de manteiga
- 100 g de queijo ralado

Modo de preparo

Massa
- Reunir todos os ingredientes e amassá-los com a ponta dos dedos. Quando a massa estiver homogênea, fazer uma bola e deixar descansar por 15 minutos.

Recheio
- Misturar os ingredientes e amassar até formar uma pasta.
- Dividir a massa em 4 partes e abrir cada uma. Colocar uma porção do recheio em cada parte e enrolar como se fossem rocamboles.
- Embrulhar os rolinhos em papel-alumínio e levar à geladeira por ½ hora. Retirar o papel-alumínio, cortar os rolos em rodelinhas e levar ao forno quente.

Halazlé (sopa de peixe)

Receita típica húngara servida como entrada

Ingredientes

- 2 kg de carpa
- 500 g de cebola
- 1 colher (sobremesa) de sal
- 4 ou 5 pimentões
- Páprica a gosto

Modo de preparo

- Cortar a cebola em quatro e cozinhar em bastante água.
- Adicionar o peixe cortado em pedaços e cobrir com mais água (cerca de 4 dedos a mais na altura da panela). Quando evaporar, colocar mais 4 dedos de água. Repetir esse processo mais duas vezes.
- Adicionar sal, páprica e os pimentões fatiados. Cobrir novamente com água e cozinhar em fogo baixo por 15 minutos.
- A receita termina com um aviso: "Não é permitido cozinhar separado". (Vai saber!)

Torta Sacher (torta vienense)

Ingredientes

Massa
- 4 colheres (sopa) de manteiga
- 250 g de chocolate meio amargo
- 6 ovos com as gemas separadas
- 1 xícara (chá) de açúcar
- 1 pitada de sal
- 1 xícara (chá) de farinha de trigo
- 1 colher (chá) de fermento em pó
- Manteiga para untar a forma
- Farinha de trigo para polvilhar a forma

Entremeio
- 8 colheres (sopa) de geleia de damasco
- 2 colheres (sopa) de cointreau

Glacê
- 150 g de chocolate meio amargo (tablete)
- 1 xícara (chá) de açúcar
- ½ xícara (chá) de água

Modo de preparo

Massa
- Derreter a manteiga e o chocolate em banho-maria, mexendo até dissolver.
- À parte, bater bem as gemas com o açúcar e o sal. Acrescentar o chocolate derretido e continuar batendo.
- Peneirar a farinha de trigo e juntar a mistura de gema e chocolates.
- Acrescentar o fermento e, com uma colher de pau, misturar bem.
- Bater as claras em neve e incorporar delicadamente à massa.
- Despejar em uma forma redonda (de 26 cm de diâmetro) untada e enfarinhada.
- Assar por cerca de 50 minutos em forno preaquecido a 200ºC. Desenformar assim que esfriar.

Entremeio
- Levar a geleia ao fogo para derreter. Acrescentar o cointreau e misturar bem.
- Com a geleia ainda quente, cobrir a torta.

Glacê
- Misturar o chocolate, o açúcar e a água e levar ao fogo baixo, em banho-maria, mexendo até derreter o chocolate.
- Retirar do fogo e colocar a panela sobre uma superfície fria.
- Com o glacê ainda quente, espalhar com uma espátula sobre a geleia e a lateral da torta.
- Deixar secar e servir.

Célia Rubinstein Eisenbaum

Célia Rubinstein Eisenbaum

Quanto mais caminha o tempo, levando-nos por companhia, mais tendemos a nos voltar para o passado – não para reviver o sofrido, mas para tentar dissipar desse pretérito, próximo ou distante, as saudades que agora são nossas para sempre.

Para mim, aparece sempre em primeiro plano a figura materna, e muito especialmente suas habilidades manuais. Tudo era perfeito. Lembro-me agora, falando de seu "primor", de como minha saia escolar, de cor azul-marinho, era elogiada pelas chamadas serventes da Escola Caetano de Campos, onde eu estudava, na rua da Consolação, em São Paulo. A volta toda da saia era em pregas milimetricamente do mesmo tamanho... Sim, eu a rodava de um lado para o outro, exibindo-a e, ao mesmo tempo, também me exibindo... Por que não?

As lembranças mais presentes são as que satisfaziam a minha gula, a minha vontade de comer. Minha mãe tinha o "dom", as mãos de ouro: tudo tinha de ser feito e apresentado à mesa de forma correta.

Até hoje, netos, sobrinhos e amigos comentam, saudosos, suas prendas: "Ninguém fazia um bife como a vovó..." "E o frango com batata assada, então?". As recordações vão puxando uma a outra. E pensar que o bife era frito numa simples frigideira, sem qualquer antiaderente! Receitas simples do dia a dia!

Éramos seis à mesa, normalmente, e digo "normalmente" porque estou contando apenas os pais e os quatro filhos, mas sempre, ou quase sempre, esse número aumentava. Uma tia ou um primo que chegavam para almoçar, ou um amigo que trazíamos para o jantar. A nossa era uma casa aberta e sempre muito movimentada. Relembrando esse detalhe, começam a brotar dentro de mim sensações e saudades de um passado alegre, cheio de risadas e imprevistos.

Assistir a minha mãe fazer os nhoques me encantava, e isso deixou em mim uma nostalgia imensa. Lembro da preparação passo a passo. Ela costumava usar uma tábua quadrada de madeira, encomendada especialmente para esse fim e sobre a qual a massa, depois de preparada, era dividida em três partes, das quais eram feitas tiras longas e arredondadas que seriam então cortadas cirúrgica e ritmadamente, formando os nhoques, todos do mesmo tamanho. Ainda posso ouvir o ritmo do corte: "tá, tá, tá, tá, tá, tá, tá!". Antes de ir para a água, que já estava borbulhando, cada um era furado de leve, com

p.50. Justus Juncker. *A empregada na cozinha*, século XVIII.

Escola Caetano de Campos, 1920.

um garfo, bem no centro. E o molho de tomate, claro, também era feito em casa. "Nada comprado pronto pode ser de boa qualidade", uma frase sempre repetida em nossa casa.

Os pratos que consumíamos com mais frequência eram provenientes da culinária brasileira ou da italiana, mas raramente da judaica – com exceção do *knaidlach* ou *kneidlach* (bolinhos de farinha de *matzá*), que minha mãe transformou em acompanhamento para frangos ou carnes assadas, fossem brancas ou vermelhas. Era servido o ano inteiro, e não apenas nos dias das Grandes Festas Judaicas, quando tradicionalmente acompanha a sopa feita com caldo de galinha.

Adorávamos também a lentilha, que muitas vezes substituía o feijão. Isso na época não era comum, e muitas vezes os não familiares presentes no almoço elogiavam o prato e pediam à minha mãe "o modo de fazer".

Tempos depois, eu soube que quem havia ensinado minha mãe a cozinhar tinha sido uma amiga dela, em Santos, onde morávamos à época. Ela se chamava Ítala e era italiana, descendente de sefardi.[5] A partir daí, ficou fácil entender a presença constante da lentilha em nossa casa e a preferência por preparar massas e bolinhos de carne ou de frango ao molho de tomate – lembrando o tão afamado "porpetone".

Lembro também dos seus bolos – todos divinos, leves, com o açúcar ao ponto. Podia-se devorá-los rapidamente. Para ser bem sincera, o que eu mais gostava era de comer a massa crua do bolo! Lambia desde a tigela até a colher de pau e me lambuzava de gula e prazer!

Os aniversários eram comemorados com um bolo de coco, mas não um simples "bolo de coco"; tinha toda a sofisticação, desde o modo de preparo até a apresentação. Era servido numa tábua retangular de madeira, encomendada para esse fim, com a volta enfeitada com papel laminado e plissado, em cores que variavam conforme o aniversariante. Azul para meu marido, cor-de-rosa para mim, e assim por diante.

Incluo aqui as receitas do bolo de aniversário, do *knaidlach* e torta húngara de nozes, tudo à moda Fanny, minha mãe.

---

5. Judeus cuja ascendência remonta às comunidades judaicas ibéricas da Idade Média. (N.E.)

Knaidlach (bolinhos de farinha)

Ingredientes

- 1 cebola grande
- 500 g de farinha de matzá
- Água bem quente até dar ponto de pirão
- Sal a gosto
- 1 xícara (café) de óleo
- 3 ovos inteiros

Modo de preparo

- Cortar a cebola em rodelas e fritar em óleo até dourar.
- Colocar a farinha numa tigela e escaldar com água quente até formar uma massa. Acrescentar o sal, o óleo e os 3 ovos inteiros. Mexer bem e deixar a massa descansar na geladeira por meia hora.
- Retirar a massa da geladeira, enrolar e colocar para cozinhar em água fervente ou caldo de galinha por 20 minutos.
- Servir com o caldo de galinha ou as bolinhas intercaladas com a cebola frita.

Torta húngara de nozes

Ingredientes

- 8 ovos
- 200 g de açúcar
- 200 g de nozes
- 100 g de chocolate meio amargo
- 4 colheres (sopa) de farinha de rosca

Creme chantili
- ½ litro de creme de leite fresco
- 4 colheres (sopa) de açúcar

Modo de preparo

- Moer as nozes e o chocolate meio amargo.
- Bater, à parte, as claras em neve e acrescentar o açúcar aos poucos, bem como as gemas e as nozes com o chocolate.
- Por fim, adicionar a farinha de rosca.
- Assar em duas formas iguais, untadas com manteiga e polvilhadas com farinha de trigo. Depois de assadas e frias, rechear e cobrir com creme chantili.

Creme chantili
- Bater o creme de leite com o açúcar até o ponto de chantili.

Bolo de coco

Ingredientes

Massa
- 100 g de manteiga
- 2 xícaras (chá) de açúcar
- 1 colher (chá) de açúcar baunilhado
- 600 ml de leite de coco
- 2 ½ xícaras (chá) de farinha de trigo peneirada
- 3 colheres (café) de fermento em pó
- 5 claras batidas em neve (usar ovos grandes)

Recheio
- 2 ½ xícaras (chá) de açúcar
- ½ xícara (chá) de água
- 3 claras batidas em neve
- 1 coco ralado

Modo de preparo

Massa
- Preaquecer o forno a 180ºC.
- Bater a manteiga com o açúcar até ficar bem cremosa. Em seguida, misturar a farinha de trigo e o fermento em pó. Juntar à mistura de manteiga, alternando com o leite de coco (quando esvaziar a garrafa, colocar um pouco de leite de vaca, sacudir bem e despejar na massa).
- Por fim, acrescentar as claras em neve, misturando delicadamente.
- Despejar a massa em forma redonda, untada e enfarinhada e levar ao forno por 40 minutos ou até que o bolo esteja assado.

Recheio
- Preparar a calda em ponto de fio e misturar as claras em neve e metade do coco ralado.
- Cortar o bolo em duas partes, no sentido longitudinal, e rechear.
- Preparar um suspiro com 2 claras em neve e 4 colheres (sopa) de açúcar. Cobrir o bolo com o suspiro e polvilhar com o restante do coco ralado. Obs.: se desejar, enfeitar com fios de ovos.

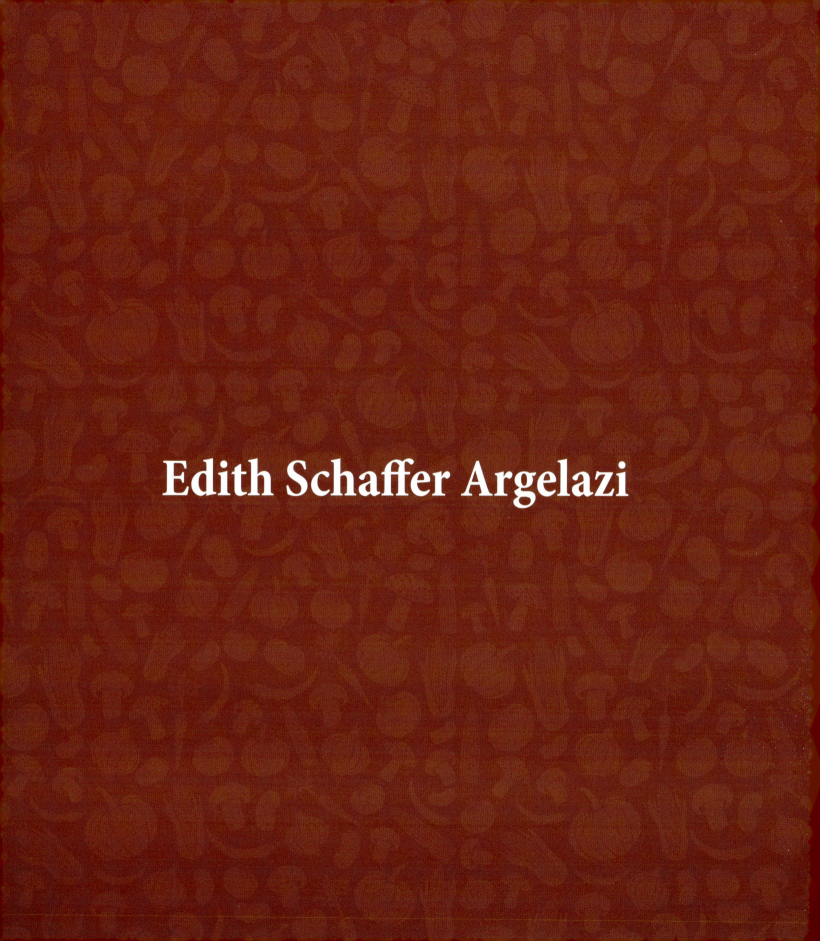

Edith Schaffer Argelazi

Edith Schaffer Argelazi

Eu nasci em Bucareste, em novembro de 1937. Sou filha única. Minha mãe, quando se casou, não sabia cozinhar, não sabia fazer nada, mas, como queria agradar o marido, perguntou de que comida ele gostava. De ovos, respondeu ele. E assim nossa dieta se baseou em ovos, ovos e mais ovos...

Era uma boa vida na Romênia. Vivíamos em uma casa grande, com empregados, duas ou três cozinheiras. Tínhamos um quarto em casa com prateleiras cheias de vidros alongados, com conservas de pepino, de tomate, de pimentão. Era uma despensa, como se diz hoje em dia. Seguíamos um calendário de frutas e verduras, porque, em países frios, é preciso aproveitar as colheitas e fazer conservas de acordo com a temporada. Numa prateleira ficavam as conservas salgadas, de verduras e legumes – pepinos, tomates, cenouras, pimentões; mais ao alto, em outra prateleira, as geleias de frutas da estação. As batatas, para serem conservadas, ficavam enterradas no porão. Fazíamos também gordura de pato e de galinha. Uma tia que morava fora da cidade comprava porco e tirava a gordura. Os pães também eram feitos em casa.

No período de férias, em julho e agosto, costumávamos sair da cidade e ficar aos pés das montanhas, como se dizia. Há muitos rios na Romênia, de modo que lá havia muito peixe: carpas enormes e outras variedades, que eram preparadas de diferentes maneiras – cozidos com molhos diversos ou recheados e assados. E havia ainda as ovas de peixe, que fazíamos até como omelete. Esses foram os bons tempos da minha infância, os dias felizes de que me lembro com prazer, com a geleia de mocotó, que eu adorava, a polenta, que era uma comida comum, como o feijão é aqui, a sopa de beterraba, o sarmale, que é o repolho recheado com carne e arroz.

Então veio a guerra.

Nesse período, os alemães chegaram muito perto do bairro em

p.58. Claude Monet. *O frasco de pêssegos*, 1866.

Frutas para conserva.

que morávamos, mas, até onde soubemos, não chegaram a prender ninguém, felizmente. Naquele tempo não se dizia "campos de concentração"; dizia-se "campos de trabalho". Então, minha mãe mandou fazer roupas de trabalho, roupas quentes, pesadas, botas forradas, imagine! Não sabíamos o que estava acontecendo, não tínhamos notícias de pessoas que tivessem sido presas, estávamos praticamente no escuro! Soubemos, depois, que em Bucovina, que era a região de meu pai, muitas pessoas foram mandadas para os campos.

Houve dois grandes momentos que marcaram minha vida. A chegada dos alemães, na Segunda Guerra, e, depois da guerra, a chegada dos russos, dos comunistas. Quando vieram os alemães, deixamos a nossa casa e fomos morar num prédio comercial longe da zona residencial dos judeus. Uma noite os SS bateram à porta, mas a zeladora, uma mulher muito católica que era nossa boa amiga, garantiu que não havia ninguém morando lá. E assim fomos salvos daqueles horrores.

Por volta de 1945, uma vez finda a guerra, as pessoas começaram a voltar. A irmã de meu pai, já liberta, chegou em casa com um homem muitíssimo mais velho. Não era uma pessoa do nosso meio, era um desconhecido. Meu pai não queria que ficassem juntos, mas ela estava apaixonada, então fizeram o casamento, celebrado na nossa casa. Fizemos uma festa para a família, entre quarenta e cinquenta pessoas, mas começaram a chegar os convidados do noivo. Falavam o nome dele, Pishtiner, e iam entrando. Eu era pequena, e minha altura não me permitia ver o rosto das pessoas. Mas chegou muita gente, quase o campo inteiro! As empregadas saíam da cozinha com travessas cheias de comida, com bolos enormes, um tipo de panetone, mas não conseguiam chegar até a mesa. As pessoas comiam tudo pelo caminho. Até hoje, quando chega um penetra, chamamos, em casa, de "pishtiner".

Na Romênia, depois da guerra, quando vieram os russos, era obrigatório entrar para a Juventude Comunista. Eu entrei, fiz parte, mas não cheguei a receber a gravata vermelha, que era uma honraria, porque meu pai era um burguês. Uma das primeiras coisas que os russos fizeram foi mudar a moeda. Tivemos de gastar todo o nosso dinheiro antigo de uma hora para a outra. E só tinha direito a receber a moeda nova quem tivesse emprego no governo. Por conta dessa mudança, as lojas deviam ficar abertas, e assim ficou a loja de meu pai, que, como os demais comerciantes, foi obrigado a vender a mercadoria na moeda antiga. Ficamos sem dinheiro, não tínhamos como comprar comida, mas, de um dia para o outro, o marido de uma prima, que era considerado por todos um zé-ninguém, tornou-se a pessoa mais importante da família. Ele tinha um emprego no governo, ganhava pouco, mas o dinheiro dele tinha valor.

Meu pai tinha clientes da loja que moravam fora de Bucareste, em pequenas chácaras, e ele viu nisso uma oportunidade. Combinou então com meu primo Maurício, que era um garoto muito esperto, de sair com a bicicleta para visitar cada um desses clientes. Sabendo da situação, eles enchiam cestas com ovos e verduras, que ele trazia para a família. Foi com esses ingredientes, nesse período difícil, que fizeram na nossa casa as receitas mais inesquecíveis.

Em 1950, migramos para Israel. Foi uma vida diferente, mais simples do que estávamos acostumados em Bucareste. Lembro que minha mãe cozinhava sozinha, e muito bem, aliás! Eu ia para a escola e, quando chegava, ajudava na casa, punha a mesa e nos preparávamos para o almoço.

De Israel viemos para o Brasil, em 1954. Tínhamos parentes no Rio de Janeiro, e foi lá que me casei, em 1957. Meu marido era de família sefardi, mas logo se acostumou com a nossa comida. Quando me casei, ganhei da minha mãe um livro das receitas que ela usava em nossa casa em Bucareste. É um livro bem completo, com muitas receitas e até um calendário da colheita de frutas e verduras. Esse livro é para mim uma espécie de bíblia das receitas de comidas salgadas.

Minha mãe contava que no tempo da minha avó as medidas dos ingredientes eram em "lei", a unidade e a moeda local. O caso era: como medir a quantidade de "lei"? Foi difícil transformar essa medida em quilos ou gramas, mas acabamos nos adaptando.

Além desse livro, ganhei da minha mãe um caderno com receitas de doces, que é do que eu mais gosto! Está em romeno, escrito com a linda caligrafia que ela tinha, e traz uma dedicatória muito carinhosa. Desse caderno, já tenho uma parte das receitas traduzidas para o português, que são para a minha neta Rachel, grafadas com o mesmo carinho com que minha mãe as escreveu para mim.

Pão de mel

Para as festas de Rosh Hashaná e Yom Kippur

Ingredientes

- 3 ovos inteiros
- 2 copos americanos rasos de açúcar
- 1 copo americano de mel
- 500 g de farinha de trigo
- ¾ de copo americano de café bem forte
- 1 colher (sopa) de rum
- 100 g de nozes
- 1 colher (café) de cravo e canela em pó
- 1 colher (chá) de fermento em pó
- ½ copo americano de óleo

Modo de preparo

- Preaquecer o forno a 180ºC.
- Em uma tigela juntar todos os ingredientes, exceto o fermento em pó, que só deve ser acrescentado depois que os demais ingredientes estiverem misturados.
- Colocar em uma forma redonda com buraco no meio, untada com manteiga e farinha de trigo.
- Levar ao forno médio por 40 minutos.

Cozonac (pão doce com chocolate)

Ingredientes

Massa
- 1 copo de leite morno
- 1 ½ tablete de fermento biológico
- 4 ½ copos americanos de farinha de trigo
- 2 ovos inteiros
- 2 gemas
- 2 claras pouco batidas
- 3 colheres (sopa) de óleo
- Raspas de 1 limão
- 1 colher (sopa) de manteiga

Recheio
- 150 g de manteiga em temperatura ambiente
- 3 colheres (sopa) de açúcar cristal
- Essência de baunilha
- 3 colheres (sopa) de chocolate em pó
- Uvas-passas a gosto

Modo de preparo

Massa
- Colocar o leite morno em uma tigela e dissolver o fermento biológico.
- Misturar todos os ingredientes, sovar bem e deixar crescer por cerca de 2 horas ou até dobrar de tamanho.

Recheio
- Misturar todos os ingredientes.

Montagem
- Preaquecer o forno a 180ºC.
- Abrir a massa com um rolo e dividir em 3 ou 4 partes.
- Passar o recheio sobre a massa, enrolar no formato de rocambole.
- Colocar em forma untada com manteiga e polvilhada com farinha.
- Levar ao forno para assar até dourar.

Compota "doce de vó"

Ingredientes

- 500 g de ameixa-preta seca sem caroço
- 200 g de damasco seco
- 100 g de uvas-passas
- 100 g de maçã desidratada
- 100 g de tâmaras
- 3 maçãs verdes (frescas) cortadas em cubinhos
- 1 mamão verde cortado em cubinhos (volume equivalente ao das maçãs)

Modo de preparo

- Lavar todas as frutas, colocar em uma panela e cobrir com bastante água. Cozinhar em fogo brando por mais ou menos 1 hora. Acrescentar o açúcar antes de terminar o cozimento.
- Caso use adoçante, desligar o fogo antes de usá-lo.
- Tampar e deixar esfriar completamente antes de levar à geladeira.

Flavia Nishimura

Flavia Nishimura

Minha família veio do Japão, da província de Kochi, que fica em uma ilha pequena chamada Shikoku. Quem veio foi o meu avô, pai da minha mãe. Os pais do meu avô paterno também eram imigrantes japoneses, mas quando eu nasci eles já eram falecidos. No caso da minha mãe, vieram os avós e o pai dela. A minha avó materna nasceu no Brasil – foi a primeira filha brasileira; depois, ela teve mais quatro irmãos, todos nascidos aqui. Ela se casou com um imigrante, que foi o meu avô.

Na cozinha, eu preparo algumas receitas que a minha mãe fazia, mas não a comida tradicional. A minha avó gostava de cozinhar. Se você falasse que gostava de alguma coisa, ela fazia sempre, até você enjoar de tanto comer. Ela sabia que eu gostava de manju, um docinho japonês com recheio de pasta doce feita de feijão, chamada anko. Quando morávamos em Atibaia e vínhamos a São Paulo, passávamos na casa dela, que ficava no caminho, em Guarulhos, para jantar. Sempre tinha frango assado ou salmão, porque ela sabia que as crianças gostavam. Para a gente, a melhor comida caseira era a que ela fazia. Era muito especial. O arroz era japonês, o feijão, brasileiro, mas ela usava muito tofu, junto com coisas normais, como frango, salmão, carne, verduras, abóbora japonesa, inhame, vagem, sempre temperadas com shoyu – que eu também uso muito.

Nas ocasiões especiais, no Ano-Novo, por exemplo, se fazia *mochi*, bolinho feito de arroz japonês chamado *motigome*, um tipo de arroz que fica mais grudadinho. Minha avó fazia também o *sekihan*, uma receita preparada com *motigome* cozido junto com feijão-azuqui, o que dava um tom avermelhado ao prato. Havia ainda o frango com *takenoko*, broto de bambu e pedaci-

p.68. Pintura japonesa retratando o preparo de massa, autor desconhecido, s/d.

Imigrantes japoneses em plantação de batatas, década de 1930.

nhos de cogumelo, e o *nishime*, um cozido com inhame, tofu frito e bambu. Esse é um prato que às vezes eu pedia para ela fazer. Ela dizia: "É facinho", e ia prepará-lo. Quando íamos visitá-la, ela fazia também amendoim doce, que era um sucesso!

Minha avó ficou viúva muito cedo, antes dos 40 anos, e nunca mais casou; ficava cuidando dos netos e sempre nos levava para viajar. Quando eu fiz 10 anos, ela me levou para o Japão, onde passamos um mês. Levou também meu irmão para a Argentina e meus primos para a Disney. Ela viajava muito, ia para a Europa, para a Ásia... Só parou quando a saúde já não estava tão boa.

Antes de ir morar com meu tio, ela, quando era mais jovem, vivia sozinha, mas perto dele. Como meu tio e minha tia trabalhavam, ela ia para a casa deles e ficava lá o dia inteiro, cozinhando, cuidando das crianças... e à noite voltava para casa. Quando ficou mais velha, foi morar com eles e, depois que as crianças saíram de casa, ela fazia o jantar para os meus tios e a minha mãe, que ia lá toda noite. Ela sempre cozinhou, até morrer. Depois disso minha mãe passou a cozinhar na casa do meu tio, e o faz até hoje.

Eu acho que a culinária japonesa está tão presente em São Paulo que encontramos quase todos os ingredientes. Compramos muitos produtos na Liberdade e às vezes vamos a algum restaurante japonês. Para nós, a comida precisa ter um arroz branco bem quentinho, ou então um *missoshiro*.

Comecei a me interessar por culinária quando já era mais velha. Tive que aprender por necessidade. Penso em um prato, procuro a receita na internet e aí tento fazer em casa.

Minha avó e minha mãe fizeram um curso de culinária juntas, mas era minha avó quem fazia as anotações. A salada de berinjela era, na verdade, uma receita da minha avó, e não da minha mãe. Minha avó fazia, minha mãe aprendeu e agora eu faço. Às vezes, consulto minha mãe também, porque o caderno de receitas dela está comigo.

Logo que minha avó faleceu, eu falei: "Os caderninhos são meus. Se alguém quiser alguma coisa, pergunte para mim". Foi minha avó quem começou a escrever o caderno. Às vezes, ela pegava a receita de um prato de que tinha gostado, e anotava. Tem até uma receita de *cheesecake* do meu marido, da torta de amêndoa da Fátima, da broa de milho da Kiko, as receitas são todas misturadas. Há uma receita engraçada, o *amanato me*, preparada com feijão-branco e açúcar. Ela gostava de comer com arroz. Na casa dela sempre tinha alguma coisa que ela deixava pronta. Já minha mãe tinha outro caderno, até mais organizado, com as receitas numeradas e índice no final.

Nas festas de família podia ter um bufê contratado, mas sempre tinha *sushi*. Minha prima se casou em Minas; fizeram lá uma festa com comida mineira, mas tinha *sushi*. A minha família vem de uma tradição budista. Quando alguém morre, eles dizem que a pessoa gostaria de ver a família reunida. Depois da missa, é servida a comida, podendo ser no templo ou na própria casa da família. A missa de uma semana da minha avó foi na casa dela. A família cozinhou coisas simples. Na missa de 49 dias, a cerimônia foi no templo, vieram os primos de outras cidades, cada um pegou uma receita e fizemos. Tinha baião de dois, anchova grelhada, salada de berinjela, arroz mais grudadinho, tudo misturado.

Fui para o Japão fazer intercâmbio quando eu tinha 17 anos. No princípio, fiquei em casa de famílias que eu não conhecia, e depois fui para a casa da minha família de origem, que mora bem no interior; lá só tem plantação.

Acho que em 2008, 2009, fomos eu e meu marido visitar as famílias com quem eu tinha morado e também a minha. A comida no Japão é muito gostosa.

O que eu vejo na culinária japonesa é que eles não prezam pela quantidade, mas pela qualidade, com muita atenção aos detalhes. Nós fizemos um álbum da viagem e uma parte dele é só de comida!

A família do meu marido é de Taiwan, e, como o Japão dominou Taiwan durante um tempo, tem muita influência japonesa na família dele. A avó dele fala japonês comigo, porque eu não entendo o chinês que ela fala. Todos gostam de comida japonesa e falam japonês. As culinárias japonesa e chinesa às vezes têm coisas em comum. Por exemplo, o *yakissoba*: a origem é chinesa, mas foi adaptado no Japão.

Yakissoba

Ingredientes

- 250 g de frango em pequenos pedaços
- 500 g de verduras variadas
- 500 g de macarrão para yakissoba
- 1 colher (chá) de sal
- 1 colher (sopa) de shoyu
- 1 colher (chá) de amido de milho
- 1 colher (chá) de óleo de gergelim
- 8 colheres (sopa) de óleo de milho

Modo de preparo

- Cozinhar o macarrão por 3 minutos e em seguida lavá-lo com água gelada.
- Temperar o macarrão com o shoyu e o óleo de gergelim e fritá-lo em 4 colheres (sopa) de óleo de milho. Reservar.
- Fritar o frango em 4 colheres (sopa) de óleo de milho, retirar da frigideira e, nesse mesmo óleo, fritar as verduras.
- Misturar ao macarrão o frango, as verduras e o amido de milho dissolvido em meio copo de água com sal.

Torta de cogumelo

Ingredientes

- 14 bolachas de água e sal
- 1 colher (sopa) de creme de leite
- 1 colher (sopa) de manteiga

Recheio
- 100 g de champignon
- 100 g de shiitake
- 1 cebola ralada
- 2 colheres (sopa) de creme de leite
- 3 ovos inteiros
- ½ copo de leite
- 1 colher (sopa) de farinha de trigo
- 1 colher (sopa) de queijo ralado
- Sal a gosto
- Salsinha a gosto
- Óleo para fritar

Modo de preparo

- Triturar as bolachas no liquidificador e depois passar a farofa resultante pela peneira.
- Juntar o creme de leite e a manteiga e amassar bem.
- Abrir a massa e forrar uma forma ou refratário.

Recheio
- Preaquecer o forno a 180ºC.
- Em uma frigideira, dourar a cebola ralada, juntar o shiitake e o champignon. Acrescentar o sal e a salsinha.
- Bater no liquidificador o leite, o creme de leite, os ovos e a farinha de trigo. Despejar essa massa sobre os cogumelos fritos e misturar.
- Despejar o recheio sobre a massa e polvilhar o queijo ralado. Levar ao forno por 30 a 40 minutos.

Tempura

Ingredientes

Massa
- 1 xícara (chá) de farinha de trigo
- 1 clara
- 1 xícara (chá) de água
- 1 colher (sopa) de amido de milho
- 3 colheres (sopa) de óleo
- 1 colher (café) de fermento em pó
- 1 cenoura em palitos
- 10 raminhos de couve-flor
- ½ pimentão amarelo em palitos
- ½ pimentão vermelho em palitos
- 10 camarões pré-cozidos
- Óleo para fritar

Modo de preparo

- Bater a clara em neve, juntar o amido de milho e continuar a bater.
- Acrescentar a água e, sempre batendo, juntar a farinha de trigo e o óleo. Continuar batendo por mais 5 minutos.
- Deixar a massa descansar por 30 minutos na geladeira. Antes de fritar, adicionar o fermento.
- Mergulhar os legumes e os camarões um a um na massa e fritar em óleo bem quente.

Flávio Ferraz

Flávio Ferraz

O caderno de receitas da minha mãe ficava guardado numa gaveta na cozinha. Quando ela dali o retirava, já sabíamos que viria coisa boa. Ela procurava pela receita que planejava executar e depois a lia com muita concentração, como que incorporando, uma vez mais, o espírito do quitute que estava sendo gestado. É engraçado: ela preparava tantas vezes as mesmas receitas que já devia saber de cor cada uma delas. No entanto, o caderno referendava sua iniciativa de cozinhar. Ele dava segurança. Deve ser porque, em questão de bolos e quitandas, qualquer erro nas quantidades pode ser fatal.

Às vezes, minha mãe pedia que alguém lesse a receita para ela, repisando particularmente as quantidades, enquanto ela dispunha cada um dos ingredientes sobre a mesa. Para o pão de ló d'água, oito colheres de leite ou de suco de laranja, se se preferisse. E eu às vezes perguntava: por que é então que se chama pão de ló d'água, se é feito com leite? E ela respondia que poderia ser feito com água, se assim se desejasse. Mas nunca a vi fazendo o tal do bolo com água. Aliás, bolo não! Ela nos corrigia prontamente quando cometíamos esse equívoco. Bolo é outra coisa, eu me cansei de escutar: "Pão de ló não é bolo!".

O caderno de receitas era tão responsável pela nossa formação cultural quanto os livros e as histórias ouvidas reiteradamente, o catecismo e as lições de moral. Os quitutes que dali emergiam eram a própria tradição a nos entrar pela boca, como Machado de Assis nos entrava pelos olhos, e as histórias da família, da cidade e do mundo, pelos ouvidos. Eu diria mesmo que era a mineiridade a nos colonizar proustianamente com um desfile de sabores salgados e doces: empadinhas, empadões, pastéis, pastéis de nata, biscoitos de polvilho, pães de queijo; roscas, brevidades, biscoitos das três farinhas (trigo, araruta e maisena), cavaquinhas (deliciosamente envoltas em açúcar), bons-bocados, bolinhos pérola (que também atendiam por "bolinhos de chuva"), rosquinhas da nata, rosquinhas de amoníaco, broinhas de fubá mimoso.

Havia ainda as maravilhas do milho: sopa, mingau, sorvete, pamonha, curau; e da mandioca: os celebrados docinhos das festas familiares, corta-

p.78. Heloísa Junqueira. *Flor de café*. Aquarela, 2021.

Fazenda Boa Vista, município de Dom Viçoso, MG.

Flávio Ferraz

dos em quadradinhos e polvilhados com açúcar e canela, o bolo de aipim, os pãezinhos.

E a variedade de bolos, então? Bolo comum, campineiro, piquenique (com maisena), *tuffe* (com uma inesquecível crosta composta de farinha de trigo, manteiga e açúcar colocada sobre o bolo antes de ir para o forno), de nata, de queijo mineiro meia cura, de cenoura, de aveia. E havia os que se chamavam pelo aumentativo: bolão. De fubá (com coalhada), de milho verde, de farinha de milho. Consumidos no café da tarde, hoje uma instituição francamente em extinção. Mas como eram bons e fartos os cafés da tarde! Parava-se com tudo, com o trabalho e com o brinquedo, tal como no "meio-dia branco de luz" do poema "Infância", de Drummond. A mesa era posta com café, leite, manteiga e os sequilhos que houvesse. Bons tempos aqueles, em que não engordávamos...

Do caderno de receitas brotavam também as muitas sobremesas: manjar branco, creme de ameixa, ovos queimados, ovos nevados, cocadinhas de pingar, doce de coco com gemas (para rechear canudinhos), docinhos de queijo em calda, maria-mole. E gelatinas de toda sorte: a clássica da tradição familiar (de folhas vermelhas, temperada com vinho branco licoroso e erva-doce), a de cachaça (que singela transgressão!), a festiva e multicolorida (que na minha família batizou-se como "psicodélica") e a ancestral geleia de mocotó (que ritual era o seu preparo!). Pudins havia para todo gosto: de leite, de queijo, de café, de milho verde, de abóbora, de ovos, das claras. O preferido de meu pai era o de laranja, porque, é claro, sua mãe costumava mimá-lo com a iguaria. O raio do pudim precisava ser passado na peneira nove vezes antes de ir para o forno. Se fossem apenas oito, certamente não ficaria bom. Essa exigência era inelutável. Acho que ninguém nunca se arriscou a desobedecê-la.

Os doces de caixeta, como assim eram chamados antigamente, tinham uma receita diferente, sem quantificação. Bastava a proporcionalidade: tanto de massa da fruta, tanto de açúcar. E pronto. O segredo era saber mexer aquilo no tacho para obter a melhor consistência, a melhor cor e, evidentemente, o melhor sabor. Goiabada, bananada, pessegada, marmelada, laranjada, figada. Mas o orgulho da casa era mesmo a perada, *hors-concours*. Quase acreditávamos que o segredo daquele doce raro era uma posse da família, algo que nos distinguia no vasto mundo da doçaria. Do tacho, o doce ia enquadrar-se em lindas caixinhas de madeira leve, cuidadosamente forradas com papel impermeável. E dali rumava para a despensa, pois era preciso garantir o estoque para o ano todo, além da parte que se separava para presentear os parentes e amigos. Comíamos os doces de caixeta na sobremesa, acompanhados, na regra, com queijo mineiro fresco ou com um copo americano de leite gelado. Isso mesmo: leite na sobremesa.

Caso especial era o panetone de Natal. Seu preparo consistia num dos momentos mais solenes do ano. Ou melhor, ainda consiste, uma vez que minha mãe, aos 100 anos, ainda o faz religiosamente nas tardes de 24 de dezembro. A ansiedade para saborear aquela maravilha, que só era feita naquela época do ano, levava a participar da faina de seu preparo um pequeno batalhão de colaboradores – por vezes nem tão colaborativos assim. Claro, todos os doces do recheio já se encontravam previamente prontos, preparados em casa no decorrer do ano, à época de cada fruta. E ficavam reservados para não faltarem no Natal. Doce de figo e de laranja-da-terra em calda, feitos em tacho de cobre areadíssimo com sal e limão, eram cristalizados alguns dias antes da festa sagrada para rechearem os panetones. A eles se juntavam as uvas-passas e ameixas compradas no mercado. De vez em quando, alguém roubava uma frutinha durante aquela farra, e era prontamente repreendido. A página do caderno de receitas recebia alguns respingos de farinha de trigo ou de leite aqui e acolá. Ficava com manchas de valor documental, que atestavam o passar dos anos. Quantas vezes foi preparada aquela receita ali em casa? Até hoje, umas setenta, no mínimo! Sem contar os eventuais fabricos de panetones nos dias de Ano-Novo.

A sequência das receitas no caderno era um retrato vivo da experiência e da aprendizagem sempre crescentes. Creio que minha mãe começou a escrevê-lo logo que se casou, em 1946, ou mesmo antes. Assim, as receitas atraves-

Flávio Ferraz

savam uma fatia do território do sul de Minas Gerais por onde ela se deslocou: Dom Viçoso, Carmo de Minas, Extrema e Cambuí. Não me esqueço dos comentários sobre os costumes de cada cidade: "Em Cambuí não se usa fazer tal doce, mas, em compensação, fazem um bolão de milho verde que não se encontra em nenhum outro lugar...". E assim se ampliava aquele caderno de capa dura, lisa, cor de vinho claro, que se abria com a insígnia "Receitas", ocupando toda a primeira página em sentido diagonal. Embaixo, o nome completo: Maria Aparecida Carvalho Ferraz, grafado com letra perfeita, fruto da exigência caligráfica dos professores de antanho. O esmero da letra era solidário à seriedade e à cerimônia do empreendimento. O capricho no preenchimento do caderno era o mesmo que se aplicava ao preparo das receitas.

Espertamente, o caderno se dividia em seções (salgados, doces, sequilhos, pudins etc.), deixando, ao fim de cada uma, um certo número de páginas em branco. Contava-se, de antemão, com o avanço da experiência. Mas, para ser escrita ali, uma receita tinha de merecê-lo. E como! Aí entrava outra característica fundamental dos cadernos de receita, que era o de serem veículos de intercâmbio. Receitas para se trocarem. Eu me lembro de que quando minha mãe comia algo realmente relevante na casa de alguém, algo digno de seu caderno, ela então pedia a receita. E honra seja feita: o crédito era dado. O título da receita era secundado pela "fonte", singelamente inscrita desta maneira: "Broinha mimosa (Vovó Matilde)"; "Rosca doce (D. Maria Helena)"; ou o mesmo quitute em outra versão: "Rosca doce (Maria Torres)". E assim por diante, para ninguém protestar no quesito dos créditos e direitos autorais. Lembro-me de que no caderno de minha tia Nair Junqueira Ferraz isso ia ainda além. Havia comentários ligeiros atrelados ao título: "Mãe-benta (Tia Cinira)"; a seguir: "Mãe-benta (Mamãe) – é a melhor que já comi. Ótima mesmo!". Ou, entre parênteses: "Bolo Nova Lima (gosto dos sobrinhos Gabriel e Chico)"; "Torta paulista (o doce preferido do Marcos e da Laura)". Afora as guloseimas batizadas com os nomes das sobrinhas – "Docinhos Helena Maria" e "Docinhos Eneida" – e a justíssima auto-homenagem: "Torta Nair".

Em gesto de concessão, a mineiridade se deixava abrir também para receitas de outras paragens, quando alguém trazia uma novidade que valesse a pena ou quando, numa viagem, experimentava-se algo digno de nota. O caderno era mesmo vivo, não se estancava. Lembro-me de que quando nós, os filhos, aprendíamos a fazer algum novo prato em São Paulo, e, na condição de que o dito-cujo passasse no teste, ele ia então parar nas páginas remanescente do caderno. Foi assim, por exemplo, que o pesto genovês e o spaghetti alla carbonara, totalmente estrangeiros, acabaram acolhidos pela obra. Prova de que ali na minha casa nunca se exerceu a xenofobia, por mais que nos orgulhássemos de nossas origens e, sobretudo, de nossos quitutes tradicionais.

Há alguns anos, fui agraciado por minha mãe com uma versão fotocopiada e devidamente encadernada de seu caderno de receitas. Tomei-o como uma honrosa comenda.

Fazenda Boa Vista, município de Dom Viçoso, MG.

Pudim de carne

Ingredientes

- 500 g de carne (pode ser alcatra, coxão duro ou coxão mole) passada na máquina
- Um pouco de pão molhado em caldo de carne e leite
- 1 colher (sopa) bem cheia de manteiga
- Sal a gosto
- Cheiro-verde picadinho a gosto
- 3 ou 4 ovos batidos
- Queijo ralado e azeitonas picadas, se gostar

Modo de preparo

- Misturar todos os ingredientes muito bem e assar em forma de bolo untada com manteiga ou banha e polvilhada com farinha de rosca.
- Depois de assado, tirar da forma e enfeitar com ovos cozidos em fatias e galhos de salsinha.

Docinhos de mandioca

Ingredientes

- 3 ovos
- 1 xícara (chá) de mandioca crua ralada
- 1 xícara (chá) de queijo meia cura ralado
- 1 colher (sopa) de manteiga
- 2 xícaras (chá) rasas de açúcar

Modo de preparo

- Preaquecer o forno a 180ºC.
- Bater as claras em neve. Acrescentar os ovos e misturar bem. Juntar os outros ingredientes.
- Untar uma assadeira com manteiga, despejar a massa e levar ao forno. Depois de assar, cortar em quadradinhos e passar em uma mistura de açúcar e canela em pó.

Cozinha da casa de
Maria Aparecida
Carvalho Ferraz.

Ovos queimados

Ingredientes

- 500 g de açúcar
- 7 ovos (peneirados)
- 1 xícara (chá) de leite
- 1 pires de queijo meia cura ralado
- 1 cálice de vinho branco doce
- Canela em pó

Modo de preparo

- Em uma panela, queimar o açúcar e adicionar água para fazer uma calda.
- Bater os ovos e misturá-los com a calda, mexendo sempre.
- Quando a mistura estiver com a cor desejada, acrescentar, aos poucos, o leite.
- Por último, adicionar o queijo e o vinho. O ponto não deve ser muito grosso.
- Despejar em uma travessa e polvilhar com canela em pó.

Haydee Tardini

Haydee Tardini

O nome da minha mãe era Chafia Khouri Assad. De família síria, ou melhor, descendente de sírios, ela nasceu em Monte Azul, no Paraná. Meu pai nasceu na Espanha e veio ainda criança para o Brasil, com 6 anos de idade. O nome dele era José Antônio Rodrigues Rodrigues – duas vezes Rodrigues, porque o espanhol usa primeiro o sobrenome do pai e depois o primeiro sobrenome da mãe. A família morava em São Caetano, no que hoje é a Grande São Paulo.

Meus pais se conheceram no trem. Minha mãe costumava vir para São Paulo com um tio que vendia batatas no Mercadão. Ele ficava semanas aqui, tinha amigos entre os grupos de sírios e libaneses da rua 25 de Março e da avenida Paulista, onde moravam os que tinham grana, essa é a verdade! Meu pai trazia tomates do Rio Grande do Sul, que vendia para a Cica. Então, numa dessas idas e vindas, eles se conheceram no trem, começaram a namorar, se casaram uns oito meses depois e foram morar em Jundiaí.

A minha mãe aprendeu a cozinhar praticamente na infância. Ela fazia muito bem comida árabe, quibe, esfiha, tabule, babaganouch, homus e outras coisas nem tão conhecidas... Depois de casada, por influência da família de meu pai, ela aprendeu a fazer vários pratos típicos espanhóis, como o puchero, que é quase como uma feijoada feita com grão-de-bico ou feijão-branco. Minha avó fazia com grão-de-bico. E preparava também o gaspacho, só com pepino bem picadinho, água gelada e temperada com vinagre e azeite, e era muito bom; a sopa era servida como entrada no verão. Já meu pai gostava muito de comida italiana, "macarrão *ca pummarola 'n copa*", que é a nossa "macarronada à bolonhesa".

Todo ano, minha tia fazia doces sírios no Natal. Ela tinha um apartamento enorme no sul do Paraná e nós íamos passar o Natal com ela. Ela fazia a massa folhada, depois abria folha por folha e colocava para secar em todos os lugares da casa onde desse para estender a massa – nas camas, nas mesas. Um dia antes da nossa chegada, ela montava as formas de doce. Era assim, uma trabalheira enorme, mas havia tempo para isso – era normal, longe de ser uma empreitada extraordinária. Minha mãe fazia quibe, e naquele tempo não se comprava carne moída, ela moía com a nossa ajuda.

p.90. Maria Sibylla Merian. *Solanum lycopersicum L.* (tomate comum), s/d.

Antonio Ferrigno.
Rua 25 de Março,
1894. Pinacoteca do
Estado de São Paulo.

Haydee Tardini

E fazíamos também bolachinhas finas para a reunião das mulheres, que acontecia uma vez por semana, cada vez na casa de uma. Quando era lá em casa, tinha um bolo que se chamava "amor aos pedaços".

Naquele tempo, vivíamos na cidade de União da Vitória, que é bem na divisa do Paraná com Santa Catarina. Lá fazia muito frio, e minha tia morava num apartamento em cima de uma loja. Não tinha um lugar aberto para tomar sol, mas atrás havia uma parte aberta do terreno, como se fosse um depósito. Sentávamos lá, o sol esquentava... Foi nesse terreno que aprendi a fazer tricô. Eu tinha 9, 10 anos.

A família da minha mãe no Paraná ainda mantém algumas tradições. Por exemplo, fazer um cabrito ou carneiro recheado. No começo, não havia carneiro por aqui, eles usavam cabrito, que é um pouco diferente. Hoje em dia já tem muito carneiro. Para fazer recheado, tiram-se as quatro patas e a cabeça, ficando a costela, que é como uma concha. A carne das pernas se mói na ponta da faca, para manter a textura, e depois se refoga com os temperos mais o alho e a hortelã. Essa carne deve ficar bem suculenta. Faz-se um arroz comum, grão-de-bico cozido e snoubar, um tipo de pinhão que, depois de bem torrado, se mistura com a carne. Recheia-se, costura-se e se põe para assar. Esse prato é servido com a carne e o arroz do recheio do carneiro.

Hoje em dia, quem faz o carneiro são os meus primos, o Nabi e a irmã Azizi. Só sobraram eles de sobrenome Assad. Com o abrasileiramento das coisas, esse prato virou comida de Natal, mas antigamente, em Campo Mourão, onde morávamos, em qualquer festa, qualquer ocasião, o carneiro recheado estava presente.

Outra receita que minha avó fazia – e essa é uma receita dela, nem sei se é espanhola, mas deve ser de origem, porque ela já veio casada – era uma sopa fria de batata e ovos cozidos, cebola bem batidinha e sardinha em lata. Ela tirava aquele miolinho da sardinha e punha água gelada. Uma delícia!

Meu pai, antes de casar, trabalhou em fábrica de bebidas. Aí, com os reveses da vida, tentou aqui, tentou ali e se estabeleceu ele mesmo como fabricante. Primeiro em Ponta Grossa, em Paranaguá, e depois em Campo Mourão. Ele fabricava refrigerantes, licores, fernet e outras bebidas. Mas não fabricava cerveja, vinham os caminhões buscar na Antarctica. Também mandava o motorista buscar caixas de halawi, tahine, coisas árabes que sempre tinha no Mercadão de São Paulo.

Em Jundiaí existiam alguns vinhedos. Lembro-me das barricas de vinho na casa de minha avó; não sei dizer se eram eles que fabricavam, mas sempre havia vinho na minha casa. Nunca comemos feijão e arroz. Nunca! Minha mãe fazia quibe, charutinhos de folha de uva ou de repolho. Era a nossa comida do dia a dia. E ainda uma receita que ela fazia com o miolo do repolho, em vez das folhas; ficava aquele miolo redondo com o recheio dentro e brigávamos para comer! Ela fazia também um molho de macarrão, que não tem nada de espanhol nem de árabe, é italiano mesmo, eu adorava, adorava! Quando eu era menina, meu apelido era "Haydee pão com molho".

Um parêntese aqui: eu fico às vezes procurando o sabor da infância, o sabor de antigamente, mas acho que as carnes não são iguais, nem a farinha de trigo é igual. Fazemos igualzinho, mas não fica a mesma coisa. O sabor é outro. Eu acho que o gosto está na memória... Os legumes e as frutas não são iguais. Talvez os alimentos hoje tenham muito aditivo químico, hormônios... Ganhei três abacates de uma conhecida que tem um abacateiro em casa. É outra coisa! Espreme-se o limão e ele fica cremoso, não fica aguado que nem os outros.

A minha comida principal sempre foi a árabe. Quando organizo um almoço em casa, preparo quibe, charutinho, babaganouch, homus e arroz com aletria. A minha mãe colocava ainda um pouco de nozes moídas.

O costume brasileiro é comer lentilha na passagem do ano. Lentilha à moda árabe, com arroz e cebola (mjadra), é um prato que eu faço sempre em casa. Todo mundo ama! Eu só vim a conhecer esfiha aberta em São Paulo; a minha mãe só fazia esfiha fechada. A melhor esfiha que eu comi foi a de uma pessoa que veio ensinar culinária para as crianças de uma escola em que trabalhei. Não foi ensinada pela minha mãe, nem por ninguém árabe! E eu tive de dar o braço a torcer.

Antigamente era assim: na salada tudo grande, nada cortadinho, picado. Almeirão, alface, o pepino inteiro, os tomates inteiros. Era assim nos restau-

Haydee Tardini

rantes da rua 25 de Março, no centro de São Paulo. A imigração dos árabes para o Brasil, se não me engano, foi um pouco depois da dos italianos. Eles não vieram para trabalhar na lavoura. Meu avô foi para o Paraná ser comerciante e logo montou um armazém, que naquele tempo se chamava "secos e molhados". Ficava do lado da estação de trem, o lugar onde se formavam as cidadezinhas. E foi numa dessas cidadezinhas que nasceu a minha mãe.

Quando meus avós chegaram da Espanha, pararam aqui em São Paulo, mas não quiseram ir para a lavoura, porque quem descia aqui era obrigado a ir, tinha os lugares certos, a fazenda certa, eram muito explorados. Só que eles não quiseram, então foram para a Argentina e depois voltaram para cá.

Quando morávamos em Campo Mourão, meu pai adoeceu e precisou fazer um tratamento aqui em São Paulo. Viemos e ficamos morando na casa de meu tio, que foi para lá tomar conta da fábrica de bebidas. Minha tia, que acompanhou meu tio, me deu a dica de que na frente da casa dela morava um moço bonito. Acho que depois de um mês, um mês e pouco, ele atravessou a rua e veio conversar comigo. Eu estava com 16 anos. Quando me casei, eu tinha acabado de completar 20.

Casei em 1967, e a festa de casamento foi na casa da minha sogra. Todos os pratos foram encomendados, mas o que foi novidade para mim, que eu não conhecia, foi feito em Santo André: salgadinhos de massa amanteigada cobertos de semente de papoula ou erva-doce, todos bem diferentes. O bufê responsável, se não me engano, era de húngaros. Os docinhos foram feitos pela família da minha sogra: aquela bolinha coberta com fondant, o camafeu, balas de coco carameladas por fora e os doces de ovos, todos muito bons.

Quando me casei, eu cozinhava as refeições da família, mas a comida para o meu marido tinha de ser muito variada. O que se preparava num dia, depois, passados dois ou três dias, ele não queria que repetisse. Foi um problema na minha vida. Só que agora, graças a Deus, ele está mais velho e só toma uma sopinha! Ainda assim, eu preciso alternar os legumes, mas é só uma sopinha!

Em casa, a cozinha é internacional, mas prevalecem os pratos árabes. Assim, nas ocasiões especiais, para todo mundo se recordar do almoço, fazemos pratos tradicionais da nossa culinária. Todo mundo lembra e diz:

"Mãe, estava uma delícia!".

Lá no Paraná, quando minha mãe era pequena, na época da minha avó, das minhas tias, havia colônias de franceses, de alemães e de sírios. Eles se encontravam e trocavam muitas receitas. Uma ficou sendo da minha família: chama-se cuque, ou cuca, mas deve ser de origem alemã. Eu escrevi essa receita, que passou de geração para geração. Minha avó, minha madrinha e minha mãe faziam e eu passei a fazer também. É um cuque em que é colocada em cima aquela uva pretinha chamada "Santa Isabel" e aí recobre com uma farofa. Há a receita da esfiha do Rener Karam e a do bolo "amor aos pedaços", que eu acho fantástico! Essa receita veio da minha mãe, que aprendeu com as irmãs dela, para preparar quando fosse receber as amigas para o chá da tarde. Era um costume no ano de 1940 mais ou menos...

Essas receitas faziam parte da seleção da minha tia, que as passou para a minha mãe. E eu escrevi aqui: "Mamãe, eu estou com saudades de você". No caderno, há ainda uma nota introdutória.

No meu caderninho, passei as receitas que eu mais gostava e outras também de amigas. Doces sírios eu nunca fiz como minha tia fazia, mesmo porque aqui em São Paulo tem para comprar, mas eu sempre fiz um de semolina desde que meus filhos eram pequenos, eles sempre adoraram! É um bolo de semolina com bastante calda e essência de flor de laranjeira.

Eu sempre tive vontade de escrever um caderno de receitas, mas não um simples livro de receitas; queria que constassem as histórias da infância, de tudo, porque acho que tivemos uma infância muito rica, que merece ser recontada, coisas que agora as crianças não têm...

A nossa ideia, minha e da minha irmã, era eu ir falando e ela ir escrevendo nossas lembranças: aquela cena de ficarmos sentadas nos degraus da porta da cozinha que dava para o quintal. Mas depois os anos foram passando... Quem sabe eu e minha irmã ainda façamos isso um dia?

Pudim de abacaxi

Ingredientes

- 250 g de açúcar
- 1 xícara de suco de abacaxi
- 8 ovos

Modo de preparo

- Misturar o açúcar com o suco de abacaxi e os ovos batidos
- Passar por uma peneira fina.
- Levar ao forno em uma forma forrada com açúcar queimado.
- Depois de assado despejar em um prato e enfeitar com pedaços de abacaxi cristalizados.

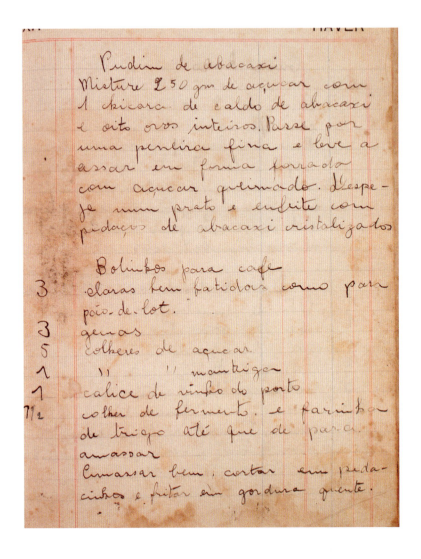

Bolinho para café

Ingredientes

- 3 claras batidas em neve
- 3 gemas
- 5 colheres (sopa) de açúcar
- 1 colher (sopa) de manteiga
- 1 cálice de vinho do Porto
- ½ colher (sopa) de fermento em pó
- Farinha de trigo (o suficiente para amassar)

Modo de preparo

- Misturar todos os ingredientes e amassar bem. Abrir a massa, cortar em pedacinhos e fritar.

Creme russo

Ingredientes

- 1 l de leite
- 8 folhas de gelatina branca
- ½ copo de água quente
- 4 ovos
- 1 colher (chá) de essência de baunilha
- Suco de 1 limão

Modo de preparo

- Derreter as folhas de gelatina em água quente.
- Bater as gemas, acrescentar o leite, o suco de limão, a essência de baunilha e a gelatina derretida. Misturar bem.
- Por fim, acrescentar as claras em neve, colocar em um pirex ou em tacinhas e deixar gelar antes de servir.

Mercado Municipal de São Paulo, na Rua Cantareira.

Maria Regina Dias de Souza

MEMÓRIAS SABOROSAS

Santos, início dos anos 1950. É dessa época uma de minhas mais remotas lembranças. É Carnaval e me vejo ao lado de uma prima, nós duas vestidas de portuguesa, fantasias estas que vovô acabara de nos trazer de Portugal e que guardo até hoje. Estamos no Hotel Avenida Palace, que pertencia a meu avô materno, rodeadas de tios, primos e amigos, todos portugueses. Cresci, portanto, ilhada geográfica e culturalmente, cercada de sotaque, sabores, cultura e histórias lusitanos.

Camões, Fernando Pessoa, Eça de Queiroz, Ramalho Ortigão, Fialho de Almeida, Júlio Diniz, Almeida Garrett, Alexandre Herculano, Antero de Quental e Camilo Castelo Branco eram alguns dos nomes que eu lia nas lombadas dos livros de casa. Passada a fase dos livros infantis e juvenis, o primeiro romance que li foi *Os Maias*, de Eça. Meu pai era um leitor voraz e devorava com prazer o que lhe chegasse às mãos, embora sempre desse preferência aos autores portugueses.

O mesmo acontecia na cozinha. Mamãe, nascida e criada no hotel, não aprendera a cozinhar, pois cozinha não era lugar para curiosos, mas sim para profissionais. Depois de casada é que começou a colecionar receitas e acumular cadernos. No quesito salgados, não se aventurava, mas exigia que suas receitas fossem seguidas à risca. Não havia espaço para a criatividade da cozinheira, por melhor que ela fosse. Se o prato fora sempre feito dessa forma, assim deveria continuar sendo.

Se não preparava pratos salgados, esmerava-se, entretanto, no preparo das sobremesas que faziam nossa alegria nos finais de semana. O quindão cremoso e o manjar branco eram feitos com coco fresco ralado na hora. Do coco aquecido e espremido extraía-se o leite para o manjar. Creio que não havia ainda os industrializados ou, se havia, não entravam em casa. O pudim com gemas ficava cremosíssimo e amarelo, mas também era deliciosos o pudim de nozes, o de laranja e o de claras com calda baba de moça, bem como o arroz-doce com gemas.

p.102.
Columbano
Bordalo
Pinheiro.
*Refeição
interrompida,*
1883.

Hotel Avenida Palace, Santos, década de 1940.

A hora das refeições era sagrada e rotineiramente acontecia na copa. Sala de jantar era para receber convidados. O cardápio não variava muito. Feijão era servido no começo da semana. Grossos e suculentos bifes de alcatra que deixavam papai com os olhos brilhando; carne assada recheada com embutidos; bolinhos de arroz ou de batatas; iscas de fígado ou almôndegas; quando era época das tainhas, elas vinham recheadas com a própria ova; peixe ensopado com pirão; camarões ensopados, prato preferido de mamãe, e o indefectível bacalhau das sextas-feiras, que normalmente era preparado da forma mais tradicional, ou seja, no forno, com pimentões, batatas, azeitonas, ovos cozidos e cebolas. Era comum encontrar sardinhas em escabeche na geladeira, que papai consumia no desjejum.

Nos dias mais frios, sopas eram necessariamente o prato de entrada. Isto era o tormento das crianças. Não gostávamos delas. Entre as sopas mais servidas, lembro-me do caldo verde e das sopas de favas, de ervilhas com torradinhas, de grão-de-bico, do creme de palmito e da canja de galinha, que, na casa da vovó, tinha um sabor especial. As galinhas eram criadas em seu quintal, apanhadas, mortas e depenadas na véspera. Não suportava assistir a essa cena, para desgosto da vovó, que insistia em me ensinar a lidar com o bicho. Triste fim para a galinha, mas não para mim, que tinha a alegria de ver sempre no meu prato uma ova especialmente reservada para a neta mais velha.

Nos finais de semana saíamos da rotina. Costumávamos passar os domingos no Clube de Pesca Ilha das Palmas, onde serviam uma maravilhosa sopa com os peixes que haviam sido pescados na véspera por alguns sócios amantes da pescaria.

Mas havia em Santos uns poucos e bons restaurantes, como O Jangadeiro, O Marreiro, o Dom Fabrizio e o Ibicaba, que frequentávamos às vezes. Quando ficávamos em casa, os almoços dos domingos eram precedidos de aperitivos ou cerveja gelada, sempre acompanhados de uma travessinha de tremoços e azeitonas.

Diz-se que em casa de portugueses não podem faltar os tremoços nem o bacalhau, muito menos o vinho do Porto. Como almoçávamos tarde, os pratos podiam ser mais complexos. Às vezes um cozido à portuguesa ou um polvo à provençal, um arroz de Braga, dobradinha com feijões-brancos, o bacalhau à Brás ou um dourado cuja receita tia Maria Berta trouxera de sua terra, Viana do Castelo, além da caldeirada de peixe, da rabada ao vinho tinto ou do arroz de polvo.

As festas de aniversário começavam um ou dois dias antes. Mamãe, minhas tias e suas primas reuniam-se na casa do aniversariante para preparar os docinhos e o bolo. Eram exímias doceiras e esmeravam-se na preparação das iguarias. Para minha alegria, traziam consigo meus primos, e nossa festa começava ali mesmo. Oferecíamo-nos para ajudar a enrolar os docinhos, o que nos permitia surrupiar um ou outro de quando em quando. Canudinhos de coco, camafeus de nozes, olhos de sogra, que eram as ameixas pretas recheadas com doce de ovos, as mães-bentas de tia Maria Augusta, os deliciosos bons-bocados de tia Lili, além dos docinhos de abacaxi de tia Alice.

Por ocasião da Páscoa, havia a tradição do folar, um pão rústico recheado de carnes. Em Portugal há receitas diferentes a depender da região; a de nossa família é o "folar de Chaves", cidade no norte do país. A tradição dita que a matriarca da família prepare vários folares para serem distribuídos entre filhos e irmãos. Quando prontos, corta-se um deles e abre-se um vinho para acompanhar a degustação. Carrego a culpa de não ter mantido esse costume, uma vez que vovó me fizera prometer que, quando ela morresse, eu garantiria, na Páscoa, a elaboração e a distribuição dos folares na família. Vovó faleceu há mais de trinta anos e só no ano de 2018, pela primeira vez, fiz o que eu prometera. Pretendo cumprir o prometido e não mais interromper a tradição.

Dos Natais, guardo a lembrança das frutas secas, do bacalhau servido em diversas versões, obra e arte de tia Lula, minha madrinha. Vinha cozido com batatas, cenouras, cebolas, ovos e couve troncha. Havia também as pataniscas de bacalhau, que são lascas empanadas do peixe, além do bacalhau de forno e a salada de bacalhau com grãos-de-bico. Havia e há ainda o imperdível salpicão de frango de minha prima Antonieta, além do presunto à moda de Chaves, que é a forma mais simples e saborosa de fazê-lo. Envolve-se o tender em muita manteiga e farinha de rosca bem temperada. Leva-se ao forno até dourar a farinha. Forma-se uma crosta crocante deliciosa, e o presunto mantém o seu sabor.

A mesa de frutas era um despropósito, pois papai era muito exagerado e, como encarregado das compras, sempre errava o cálculo. A sobremesa mais esperada eram as rabanadas, dignas dos deuses, e o "doce polonês" de tia Alice, um maravilhoso rocambole de massa folhada recheado com tâmaras, nozes e doce de ovos com coco. Mamãe levava o bolo de nozes recheado com baba de moça e coberto com fios de ovos, que preparava como ninguém.

Tenho as melhores e as mais saborosas lembranças da casa de minha avó. Quando ficava com ela uns dias, precisava tomar ovo quente todas as manhãs. Ela me punha ao lado da caneca com água a ferver, colocava o ovo e me pedia que rezasse uma Salve-Rainha. Era como controlava o tempo para retirá-lo do fogo. Faço isso até hoje. Quando eu ia lá almoçar, ela queria ser avisada com antecedência, para me preparar a língua, que sabia ser um dos meus pratos preferidos. Era uma portuguesa severa, que não admitia desperdícios. Por essa razão, às vezes servia no jantar um prato de que sempre gostei, nada mais nada menos que um mexido de ovos com as sobras da carne assada ou do frango ou bacalhau, que ela chamava de "silveirinha".

O vinho estava sempre presente nas refeições, vinhos portugueses, por excelência, com alguma concessão aos espanhóis, como o Marqués de Riscal. A cada garrafa esvaziada, dava-me ao trabalho de guardar o fio de cobre que a envolvia, e com eles ia fazendo miniesculturas. Meu pai tinha especial predileção pelos vinhos da região do Dão. O Grão Vasco era um dos rótulos que eu sempre via em casa. Ele gostava também dos verdes e em particular dos verdes tintos. Apreciava também o Palácio da Brejoeira, um vinho verde branco excelente, ligeiramente espumante, que lembra um Chablis. Era homem simples, que adorava comer bem e sem culpa. Dizia que sabia a diferença entre um bom vinho e uma zurrapa, e isso lhe bastava. Recusava-se a comprar vinhos estrelados, bastando-lhe aqueles que conhecia bem e reconhecia como agradáveis. O bom e velho vinho do Porto nunca faltou em casa. Foi e é companhia para receber uma visita, ou num fim de tarde ou após o jantar.

Ao relatar minhas lembranças culinárias, não posso omitir o nome de Elizabeth Miller Mello, minha querida professora de culinária, maravilhosa pessoa e excelente mestra. Transmitiu sua arte e seu amor pela cozinha a gerações de santistas de todas as idades. Seu livro *Minhas aulas de cozinha* é meu companheiro inseparável e continua me socorrendo em momentos de dúvida. Elizabeth era banqueteira de mão cheia.

Há poucos anos resgatei os cadernos de receitas de mamãe, todos bem gastos e manchados. Fotografei as receitas e organizei o livro *Cozinha da Aldinha*, que distribuí entre seus filhos, netos e sobrinhos. Foi a homenagem que lhe prestei por tantos anos de carinho e dedicação. Quando me ponho a lê-lo me vêm água na boca e lágrimas aos olhos.

Bacalhau com broa

Ingredientes

- 1 broa portuguesa amanhecida, bem esfarelada e torrada no forno
- 2 dentes de alho picados
- 2 lombos de bacalhau dessalgados
- 500 ml de leite
- 1 kg de batatas
- 2 cebolas
- 200 g de presunto cru fatiado
- Azeitonas verdes, salsinha, noz-moscada e louro a gosto

Modo de preparo

- Misturar a broa esfarelada com os dentes de alho e a salsinha picada. Reservar.
- Cortar as cebolas em rodelas e refogar em azeite de oliva.
- Cozinhar as batatas com casca e cortá-las em rodelas grossas.
- Numa panela, cobrir o lombo de bacalhau com leite temperado com noz-moscada e louro. Levar o bacalhau a cozinhar. Escorrer o leite e preparar com ele um molho bechamel.
- Desfazer o lombo de bacalhau em lascas generosas.
- Em um refratário fundo, alternar em várias camadas as cebolas, o bacalhau, o presunto, as batatas e as azeitonas. Depois de acomodar os ingredientes no recipiente, regar fartamente com o bechamel e por fim cobrir com a broa.
- Levar ao forno preaquecido a 180ºC para dourar.

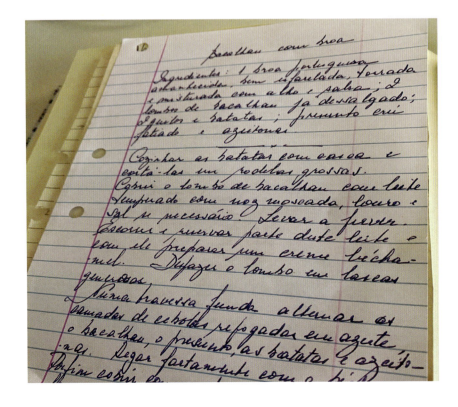

Pernil de vitela

Ingredientes

- 1 pernil de vitela (aproximadamente 3 kg)
- 500 ml de vinho branco
- 300 ml de azeite
- 6 dentes de alho
- 4 folhas de louro
- 3 cebolas grandes
- 2 ramos de alecrim
- 1 ramo de tomilho
- Sal e pimenta-do-reino a gosto
- Cebola caramelizada
- Farofa a gosto

Modo de preparo

- Temperar a vitela com todos os ingredientes e deixar marinar de um dia para o outro.
- Cortar as cebolas em rodelas e os alhos ao meio.
- No dia seguinte, preaquecer o forno a 150ºC.
- Colocar a vitela com todos os temperos em uma assadeira e cobrir com papel-alumínio. Assar a 150ºC por aproximadamente 3 horas. Retirar o papel-alumínio e deixar dourar por 15 minutos, a 200ºC.
- Servir com cebolas caramelizadas e farofa.

Rocambole de laranja

Ingredientes

- 6 ovos
- 6 colheres (sopa) de açúcar
- 6 colheres rasas (sopa) de farinha de trigo
- Suco de 2 laranjas-peras
- 2 colheres (sopa) de raspas de laranja
- Papel-manteiga para forrar a forma

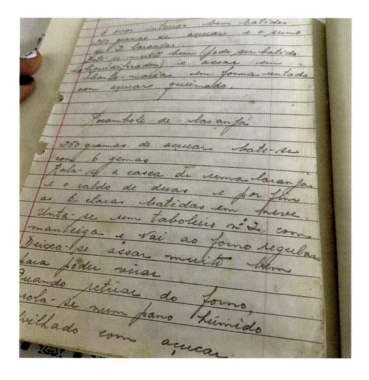

Modo de preparo

- Tirar as raspas das cascas das laranjas, espremer as frutas e reservar.
- Bater as claras em neve, acrescentar as gemas uma a uma, sem parar de bater. Em seguida, juntar o açúcar, sem parar de bater.
- Acrescentar aos poucos a farinha de trigo, mexendo com uma colher de pau. Depois, adicionar o suco e as raspas das laranjas.
- Untar com manteiga uma assadeira de 20 × 35 cm, forrar com papel-manteiga e untar também o papel.
- Derramar a mistura na forma untada e levar ao forno preaquecido a 180°C para assar.
- Enquanto espera assar (de 20 a 25 minutos), colocar na bancada um pano de prato limpo e seco, polvilhado com açúcar refinado.
- Passado o tempo de forno, fazer o teste do palito e, se ele sair seco, retirar a massa e desenformar ainda quente sobre o pano de prato.
- Enrolar a massa para formar um rocambole e colocar no prato de servir.

Obs.: Não se recheia este rocambole.

Marcelo Weingarten

Marcelo Weingarten

AS MINHAS TRÊS AVÓS

Minha sorte foi ter três avós maravilhosas: a lituana Clara Kier (Caia), mãe de minha mãe, com quem tive uma relação tão intensa e especial que nem em muitos textos conseguiria descrever. A húngara Olga Weingarten (Anyu), mãe de meu pai, morava conosco. Era uma mulher forte e admirável, sobrevivente de duas guerras, sempre com histórias para contar. A terceira era Gabriella Brett (Gaby), sobrinha e um pouco mais nova que Olga, a primeira da família a imigrar para o Brasil. Nossa relação, muito mais que a de tia e sobrinho, sempre teve mais a intimidade de avó e neto.

Minhas três avós cozinhavam maravilhosamente.

Depois de adulto, passei a gostar de cozinhar, principalmente como uma forma de me conectar com essas três grandes mulheres, que foram tão marcantes na minha vida e que deixaram tanta saudade. Tentar lembrar os gestos, os sotaques e principalmente o gosto das comidas era uma forma de voltar a sentir aquelas presenças tão calorosas, tão carinhosas. Na cozinha, busco "aquele" gosto especial que só têm as comidas feitas com muito amor. Nunca fica exatamente igual, mas continuo tentando.

Gaby morava perto do Colégio Rio Branco, onde eu estudava, no bairro de Higienópolis, em São Paulo. Todos os dias eu ia a pé até a casa dela, onde eu esperava minha mãe vir me buscar. Sempre que havia alguma festa ou aniversário, eu sabia que no dia seguinte ia ter um pratinho me esperando, com um pedaço do meu doce favorito.

Como o assunto aqui é comida húngara, vou falar do *rigo jancsi* (em português se pronun-

p.114. Yehuda Pen. *Desjejum – Autorretrato*, 1932.

cia "rigoiontchi"), doce de chocolate bem elaborado e feito somente em ocasiões importantes. Valia até como presente de aniversário. Olga e Gaby o preparavam muito bem e recebiam, orgulhosas, os elogios – como resposta, uma dizia, modestamente, que a outra fazia melhor... e nessa hora trocavam uma risada cúmplice.

Tentei fazer o doce várias vezes, e jamais ficaram sequer minimamente parecidos com os delas. Li várias receitas, e nada... Um dia, tentei aproveitar a última chance de acessar o segredo. Olga já falecida, Gaby muito idosa, já com início de Alzheimer, resolvi arriscar. Contei a ela que em algumas receitas o creme levava gelatina incolor, e em outras, não; o que eu deveria fazer? Alguns minutos se passaram e pude ver que ela entendeu: me chamou pelo nome, pegou na minha mão como tantas vezes fazia quando eu deveria prestar atenção e, muito séria, explicou que o creme bem batido sustentaria o doce. Deu algumas outras explicações sobre a ordem dos ingredientes e, irritada, como se eu tivesse falado uma heresia, declarou: "Gelatina é um absurdo". Não disse mais nada, e a mente voltou para onde eu não conseguia alcançar.

Na tentativa seguinte, a receita funcionou.

Rigo Jancsi (bolo gelado de chocolate com creme)

Ingredientes da massa
- 6 ovos separados
- 6 colheres (sopa) de açúcar
- 300 g de chocolate meio amargo
- 6 colheres (sopa) de farinha de trigo peneirada

Ingredientes do recheio
- 500 ml de creme de leite fresco
- 2 xícaras (café) de açúcar

- 1 ½ xícara (café) de cacau em pó
- 2 colheres (chá) de baunilha

Ingredientes da cobertura
- 100 g de chocolate meio amargo
- Um pouco de manteiga, um pouco de água e uma gotinha de mel
- Dispor os quadrados sobre o recheio, voltar à geladeira por no mínimo 3 horas e somente então cortar e servir.

Modo de preparo da massa (sempre nesta ordem)
- Bater as claras em ponto de suspiro.
- Bater as gemas com o açúcar até ficar esbranquiçado. Acrescentar o chocolate ralado e bater mais um pouco. Juntar a essa mistura as claras já batidas e, com cuidado, a farinha.
- Dividir a massa em duas partes com 1 cm de espessura e colocar em formas de 25 × 35 cm untadas e enfarinhadas.

Modo de preparo do recheio
- Bater o creme de leite em ponto de chantili. Adicionar os demais ingredientes, sem parar de bater.

Modo de preparo da cobertura
- Numa panela, derreter o chocolate junto com os demais ingredientes.
- Levar ao forno a 180ºC por 5 a 10 minutos. Vigiar para não queimar.

Montagem
- Deixar as duas placas de massa esfriarem. Sobre uma delas, espalhar o recheio e levar à geladeira. Sobre a outra, espalhar a cobertura e, quando esfriar, cortar em quadrados.

Anyu, em húngaro, significa mãe; era assim que eu chamava a mãe de meu pai, Olga. Sempre morou conosco, o que tornou nossa relação muito próxima. Chegou da Hungria já com certa idade, mas adorava o Brasil, o clima quente, os espaços grandes, os gerânios sempre floridos embaixo de sua janela e até a língua, que nunca chegou a aprender direito. Seu sotaque forte rendia boas piadas na família.

Anyu sempre contava histórias. Falava do seu pai, que tinha sido alfaiate da corte austro-húngara. Contava dos sete irmãos, das suas famílias, das outras relações familiares, da busca de alimentos durante a Primeira Guerra, da luta pela sobrevivência na Segunda e, depois de tudo, da perda de tudo o que tinha para o regime comunista e da vinda para o Brasil. De como este ou aquele objeto foram salvos e do valor afetivo que isso significava. Tudo era sempre contado, como ela falava, com sal e açúcar, as tristezas misturadas com lances bem-humorados: sua gargalhada era inesquecível. Tinha gênio forte, perdia a paciência com facilidade, mas comigo era muito amorosa, me ensinou a falar e a escrever em húngaro, a dançar valsa.

Quando Anyu fez 70 anos, contratou uma banqueteira para a festa. Chegaram a equipe, as ajudantes, os garçons e as louças. Ela me deixou de guarda – era desconfiada – e foi ao cabeleireiro. Depois, colocou um vestido de seda, as melhores joias e desceu para ver como andavam as coisas na cozinha. De repente, gritos: deu de cara com um vidro de maionese industrializada! As mulheres na cozinha tentaram negociar, mas ela não quis saber: expulsou todo mundo. Quando se viu sozinha, sorriu – a cozinha era só dela, de novo –, colocou por cima do vestido o velho avental, sentou-se ao lado da pia e, devagarzinho, como deve ser, começou a misturar os ovos e o óleo e bater, na mão, a maionese. Para as moças, que ficaram esperando assustadas no quintal, vociferou pela janela: "Na minha casa, não usamos maionese pronta!". Meia hora depois, sorridente e vitoriosa, com os pratos finalizados por ela mesma, abriu a porta e foi para a sala receber os convidados. As moças puderam entrar de novo, mas só para servir.

Em casa, Anyu era a dona da cozinha. Café da manhã, almoço e jantar saíam pontuais, e ai de quem não estivesse pronto na hora! Tudo era delicioso e feito daquele jeito que só ela sabia fazer. A comida do dia a dia era, ob-

Marcelo Weingarten

Rakott Krumpli.

viamente, húngara, e eu adoro até hoje. O *rakott krumpli* não é uma comida que se encontra nos restaurantes de Budapeste, mas em todas as casas tem, e é isso que faz vir o que chamamos de memória afetiva.

Anyu chegou ao Brasil em 1958 e aqui reencontrou a irmã Bertha, além

Rakott Krumpli (batatas gratinadas)

Ingredientes
- 1 kg de batata
- 4 ovos cozidos duros
- 2 cebolas cortadas em rodelas
- 1 ou 2 linguiças fatiadas em rodelas
- Manteiga
- Creme de leite
- Farinha de rosca
- Sal

Modo de preparo
- Cozinhar as batatas com casca. Quando amornar, tirar as cascas, cortar em rodelas e temperar com sal
- Cortar os ovos também em rodelas e temperar com sal.
- Untar um refratário e dispor, em camadas, primeiro as batatas, depois lascas de manteiga, as cebolas, os ovos e a linguiça; repetir o processo até acabarem esses ingredientes.
- Despejar o creme de leite, esperar penetrar nos espaços e, por cima de tudo, polvilhar com farinha de rosca. Assar em forno médio por mais ou menos 40 minutos, até que a parte de cima fique dourada e crocante.

de várias amigas e parentes. Aos sábados e domingos à tarde, encontravam-se todas, a cada semana na casa de uma delas, para jogar bridge ou *römi*, um jogo de cartas popular na Hungria. Ainda me lembro das amigas chegando: vestidos de seda, cabelos brancos, cheiro de pó de arroz: Sárika, Martha, Ruth, Edith, Juliska, Tessa, Melinda, Bözsi... Apertavam a minha bochecha, eu tinha de beijar todas e, então, ganhava balas e chocolates. A maioria nunca aprendeu o português, então a língua oficial era o húngaro. Eram as nenis, as tias.

O livro de receitas da minha avó perdeu-se. Ela sabia todas de cor e sempre usava as medidas exatas. Também utilizava uma régua para que, ao cortar os doces, os pedaços fossem milimetricamente iguais! Minha mãe nunca foi de cozinhar, mas sempre teve respeito pelos gostos, cheiros e memórias. Muitas vezes, com a sogra na cozinha, ficava anotando, porque algum dia alguém poderia querer saber como preparar um daqueles pratos... Então agradeço a ela, que foi a responsável por esta receita ter chegado até mim.

Este doce era servido na hora do chá, em porcelana Herend, como nos velhos tempos em Budapeste.

Clara era a mãe da minha mãe. Quando eu era pequeno e não conseguia

Folhado de Ricota da Anyu

Ingredientes
- 250 g de farinha de trigo
- 250 g de manteiga
- 250 g de ricota
- Geleia de damasco para rechear

Modo de preparo
- Peneirar a ricota e misturar todos os ingredientes, com exceção da geleia. Amassar muito bem. Deixar uma noite na geladeira.
- No dia seguinte, abrir a massa sobre uma superfície enfarinhada. Depois de aberta, a massa não pode ser amassada novamente.
- Cortar a massa em quadrados no tamanho de

> **Folheado de Ricota**
> 250 g. farinha de trigo
> 250 g. margarina
> 250 g. ricota
> Peneirar a ricota e amassar
> tudo muito bem.
> Por na geladeira e abrir a
> massa somente no dia seguinte.
> Depois de aberta a massa,
> não re-amassar.
> Cortar na forma desejada com
> faca quente.
> Rechear com doce ou salgado
> Pincelar com gema.

4 dedos. Colocar um pouco de geleia no centro de cada quadrado e unir um dos cantos com o diagonalmente oposto. Fechar para que fique no formato de um triângulo e então pincelar com gema.

- Levar ao forno a 180°C por mais ou menos 30 minutos.

falar seu nome, virou Caia. Quando vieram os mais novos, logo a chamaram assim. E com o passar do tempo ela ficou Caia para todos os que gostavam dela: os outros netos, sobrinhos, amigos. Nossa relação era muito forte. Nós nos falávamos todos os dias – e não havia assunto proibido. Ela gostava de reunir a família, telefonava para todos, cuidava de quem precisava e, a qualquer hora que aparecesse uma visita, tinha alguma coisa boa para servir.

Caia chegou ao Brasil com 11 anos, junto com os pais e mais cinco irmãos. Vinham da Lituânia para morar na Colônia Quatro Irmãos, uma das que foram criadas pelo Barão Hirsch perto de Erechim, no Rio Grande do Sul. Ela não gostava muito de falar de como era a vida antes de chegar a São Paulo: "Tempos difíceis, não tem por que lembrar", dizia. Mas dessa época em diante era uma memória viva: contava causos de pessoas, da cidade, com pequenos e grandes detalhes que só os muito observadores percebem e lembram.

As grandes festas judaicas eram todas organizadas em sua casa. Pelo menos um mês antes ela já estava falando sobre isso, preparando o que pudesse ser antecipado, fazendo compras, convidando parentes e amigos. E ninguém recusava. A mesa, que ia crescendo ano a ano junto com a família, era cheia e variada, com pratos típicos: *gefilte fish, blintzes, varenikes, kigales* de diversos sabores, frango, língua, tudo feito por ela. E os doces, sempre mais do que conseguíamos experimentar.

Quando ficou mais velha, teve de passar os encargos desses almoços e jantares para as gerações seguintes: minha mãe ficou com o Pessach, minha irmã com o Rosh Hashaná, e eu com a quebra do jejum de Yom Kippur. Mesmo assim, não passou a coroa de rainha da festa: semanas antes já ligava para saber dos preparativos, o que seria servido e quem seria convidado. Confesso que adorava escutar as críticas, os pratos que não eram aprovados, os convidados que eram acrescentados.

Perto do nosso último Yom Kippur juntos, ela me deu as instruções para os próximos anos: como deveria ser a comida, os itens que podem e não podem ser alterados e, principalmente, a lista de convidados dela, que eu deveria continuar chamando. É o seu jeito de estar sempre presente, mesmo não estando. Eu, com saudade, sigo as orientações todos os anos.

Mishmash

Prato servido tanto na Páscoa judaica como nas celebrações de Ano-Novo e na quebra de jejum. Colocam-se lado a lado os patês de fígado e de ovo.

Ingredientes do patê de fígado
- 500 g de fígado de frango
- 2 cebolas
- 1 ovo cozido duro
- Sal e pimenta-do-reino moídos na hora
- Manteiga
- Schmaltz (gordura de frango)
- Páprica

Modo de preparo

- Lavar e temperar os fígados com sal e pimenta.
- Fritar as cebolas no schmaltz por bastante tempo no fogo mais baixo possível, até ficarem escuras. Tirar as cebolas e, na mesma panela, colocar a manteiga e fritar os fígados rapidamente, só até perder a cor de sangue. Em seguida, bater no liquidificador junto com as cebolas e o ovo cozido. Temperar com páprica a gosto.

Patê de ovos

- Picar grosseiramente uns 6 ovos cozidos duros. Reservar.
- Picar grosseiramente umas 3 cebolas e fritá-las rapidamente no schmaltz, só até ficarem transparentes.
- Misturar tudo e temperar com sal e pimenta-branca.

Nahla Hajjar

Nahla Hajjar

Faz algum tempo que eu estava tentando afastar as lembranças que me acompanham em todos os lugares, especialmente na cozinha, na hora de preparar as refeições para a minha família.

O aroma dos temperos, o modo de cortar os legumes, de lavar os grãos, provar os molhos, todas essas coisas e várias outras me fazem voltar muitos anos no tempo, na busca da perfeição de tornar a minha comida parecida com a da minha mãe.

Quando eu era pequena, ela não me deixava mexer em nada na cozinha. Dizia: "Vai chegar a sua vez quando você tiver que cozinhar para a sua família". Ela pedia para arrumar a mesa e adorava meu jeito de fazer isso, com todo o capricho. Até as flores eram colhidas no nosso jardim, e eu fazia os arranjos para deixar a mesa linda, combinando com os pratos deliciosos e coloridos da minha mãe, Daad.

Ela vem de uma família tradicional Síria, com mais de 6 mil membros, e a culinária familiar é única e tradicional. Quando me casei, eu tinha acabado de fazer 23 anos, depois de ter estudado e morado fora da minha cidade natal, Tartus. Mudei para o Brasil, mas sentia muita falta das comidas, dos aromas e dos pratos com os temperos que me ajudavam a identificar quais seriam servidos naquele dia.

O prato principal vinha sempre com um acompanhamento: por exemplo, quibe de bandeja com salada, *mejadra* (trigo grosso com lentilha e cebolas douradas) com peixe e batatas fritas, *brgel bel homms* prato feito com trigo, carne e grão-de-bico), quibe cru com carne moída refogada e assim vai...

Na época em que me casei e mudei para São Paulo, senti falta da família e da comida preparada do jeito que eu conhecia, então eu ligava para a minha mãe, ficava

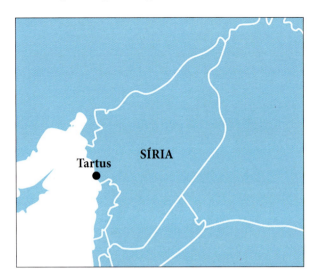

p.126. Homens árabes comendo em casa. Autor desconhecido, s/d.

Especiarias.

horas tentando fazer as ligações para poder anotar as receitas. Comprava os ingredientes e me esforçava para preparar os pratos uma, duas, três vezes... até chegar a um sabor parecido.

Eu me recordo dos dias em que minha mãe preparava *almune*, isto é, os ingredientes da safra preparados para consumir durante o ano inteiro, como azeitonas, zathar, geleia de damasco, *kichik* (bolinhas feita com a mistura de trigo com coalhada, usada para o preparo da sopa de *kichik*), suco de amora, água de rosas, *debes el roma* (melaço de romã), açafrão e folhas de uva.

Quando vou para a Síria, volto com as malas cheias de saudades e temperos, e cada um deles guardo como se fosse uma joia, de tanto amor. Hoje em dia me pedem receitas e eu dou, mas depois me falam que não ficaram iguais às minhas. Eu sempre digo que preparo e tempero com muito amor!

Minha mãe faleceu há mais de nove anos, e até hoje guardo um pacote de zathar preparado por ela que não deixo ninguém comer, pois é a única lembrança que restou para eu matar a saudade quando ela aperta. Pego uma colher de zathar com azeite e pão e saboreio como se fosse um remédio para acalmar o meu coração.

Na hora em que resolvo fazer um prato, abro a geladeira e começo a pensar o que poderia ser a refeição do dia e, quando não encontro todos os ingredientes, invento um prato novo. Minha família ama e pede para fazer novamente. A isso eu chamo de intimidade entre mim e a comida.

O caderno com receitas da minha mãe foi escrito por mim e eu mesma tive de revisá-lo, pois os ingredientes daqui são diferentes dos de lá; precisei adaptar e ajustar as medidas.

Minha memória viaja bem longe e chega a detalhes. Quando tento lembrar de minha irmã, que mora na Síria, reparo que as lembranças dela são bem menos vagas. Recordo da janela da cozinha da minha avó Fadua, cheia de colares de alho que ela pendurava ali para ir pegando os dentes que usaria o ano inteiro, até que viesse a próxima safra. No porão da nossa casa havia um monte de areia onde ficavam guardados os limões sicilianos, para serem conservados e usados até a colheita seguinte.

A minha avó Massarha era uma mulher inteligente e divertida. Ela não sabia cozinhar, mas fazia um prato que eu amava, *marchuche* (refogado de acelga, trigo grosso, cebola dourada e grão de feijão branco), preparado com acelga e cebola cortadas finas, trigo e grãos da vagem. Minha mãe ficava brava e com ciúmes, porque aquele era o único prato que minha avó sabia preparar e ainda assim estava entre os meus favoritos.

Uma vez por ano minha mãe fazia bucho e tripas de carneiro recheados com arroz, carne e cebola. É muito elaborado e necessita de muita higiene. Ela chamava a família inteira para almoçar em casa, mas eu me recusava a sentar à mesa, pois tinha muito nojo e horror de imaginar o que eles estavam comendo. Nesses dias eu almoçava *mufarque* (mistura de ovo com cebola e batata ou com carne moída), preparado com batatas, ovos e cebola, comia-se com pão sírio. Hoje em dia faço sempre para a minha família.

No verão, adorava comer iguarias geladas, enquanto assistia às novelas à noite sem ter o compromisso de ir à escola no dia seguinte. Nessa época minha mãe preparava pratos frios e os deixava na geladeira. Um deles era o quibe *bel labaniehe*, sopa fria de coalhada com pequenos quibes, cozidos com arroz. Também preparava *matable*, feito de grão-de-bico e trigo inteiro na coalhada.

As minhas receitas não estão em um caderno, mas sim em várias páginas unidas em uma pasta. Cada página foi escrita por um membro da família e pelas amigas, que acho que fazem melhor.

Mejadra

Ingredientes

Para o trigo com lentilhas
- Três copos americanos de lentilhas
- Três copos americanos de trigo grosso
- 1 cebola picadinha
- 2 dentes de alho amassados
- 2 xícaras (chá) de água quente para o trigo. Acrescentar mais água se necessário
- Sal a gosto

Para as cebolas que acompanham o prato
- 8 cebolas grandes cortadas em rodelas finas
- ½ xícara (chá) de azeite de oliva
- 1 colher (sobremesa) de óleo
- 1 colher (chá) de açúcar

Modo de preparo

- Cortar as cebolas em rodelas finas.
- Em uma panela acrescentar o azeite, o óleo e o açúcar, mexer bem.
- Fritar as cebolas aos poucos, até que fiquem douradas. Colocar em papel toalha para absorver a gordura. Reservar.
- Lavar as lentilhas. Deixar de molho por 1 hora.
- Lavar o trigo e deixar escorrer. Reservar.
- Na mesma panela com o azeite em que fritou a cebola, refogar a cebola picadinha, o alho amassado e sal a gosto.
- Refogar o trigo, acrescentar água quente e deixar cozinhar até ficar al dente.
- Cozinhar a lentilha com 3 xícaras (chá) de água quente e sal a gosto, até ficar al dente.
- Juntar o trigo à lentilha, deixar cozinhar por mais cerca de 5 minutos, acrescentando mais água se necessário.
- Dispor em uma travessa e cobrir com a cebola frita.

Berinjela e abobrinha recheadas

Ingredientes

- 4 abobrinhas médias ou pequenas
- 4 berinjelas médias ou pequenas
- 1 ½ copo americano de arroz lavado e escorrido
- 300 g de coxão mole moído
- 2 latas de tomate pelado
- 3 colheres (sopa) de extrato de tomate
- 1 ½ tablete de manteiga
- 2 cebolas grandes picadas
- Sal, pimenta-do-reino e canela em pó a gosto

Modo de preparo

- Com a ajuda de um furador, tirar o miolo das abobrinhas e das berinjelas e descartar ou usar em outro prato. Colocar os legumes (as partes com a casca) numa tigela com água.

Recheio
- Derreter 1 tablete de manteiga em fogo baixo.
- Em um recipiente, colocar o arroz, acrescentar a carne moída, o sal, a pimenta e a canela. Despejar a manteiga quente e misturar bem com as mãos.
- Retirar as abobrinhas e as berinjelas da água e rechear sem exagero, deixando um espaço para o arroz crescer.

Molho
- Em uma panela, dourar as cebolas com ½ tablete de manteiga. Acrescentar os tomates pelados e o extrato de tomate dissolvido em água quente, sal, pimenta-do-reino e canela em pó a gosto.
- Colocar delicadamente as abobrinhas e as berinjelas em uma panela e cozinhar em fogo baixo por 40 a 50 minutos.
- Desligar o fogo e deixar a panela destampada por 20 a 30 minutos. Tirar com cuidado as berinjelas e as abobrinhas, colocar numa travessa e acrescentar o molho por cima.

Doce Leqmet el helwe (doce de semolina)

Ingredientes

- 1 copo de semolina grossa
- 1 l de leite integral
- ½ copo de açúcar
- 1 colher (sopa) de água de rosas
- 2 colheres (sopa) de manteiga derretida

Modo de preparo

- Ferver o leite e acrescentar a semolina, mexendo bem. Em seguida, adicionar o açúcar e misturar bem. Desligar o fogo e deixar descansar por 1 hora.
- Voltar a mistura ao fogo, mexendo bem até ficar macia. Desligar o fogo e acrescentar uma colher de água de rosas.
- Untar uma assadeira com manteiga derretida e despejar a massa espalhando por igual.
- Levar ao forno preaquecido a 180ºC e assar por 45 minutos ou até ficar dourada. Tirar do forno, cortar em quadrados e regar com uma calda de açúcar.

Patrícia Lopes

Patrícia Lopes

Nós éramos quatro filhos. Quando minha mãe foi trabalhar fora, cada um passou a ter uma função na casa, e eu, quando cresci um pouco mais, fui logo para a cozinha. Lembro que na infância eu passava os domingos preparando o almoço da família enquanto todas as crianças brincavam na rua. Era horrível, eu odiava cozinhar! Tinha horror de cozinha.

Fiz faculdade de direito e exerci a advocacia por dez anos. Depois casei, meu marido gostava de comer bem, fui pegando gosto pela gastronomia, mas era para sair e comer fora. Ele dizia: "Você sempre cozinhou, deve saber reproduzir essa receita". Foi assim que eu voltei a cozinhar.

Quando mudamos para Curitiba, eu já gostava muito de cozinhar. Meu marido então sugeriu que eu trocasse de carreira, que me tornasse uma profissional da cozinha. Eu já fazia umas encomendas para as pessoas, alguns jantares, mas tudo amador. Aí fomos morar fora do país, eu aproveitei para estudar gastronomia, fiz uma especialização. Então cozinhar, depois de tantos anos, se tornou minha profissão.

É engraçado pegar esse caderno... lembro que uma vez até briguei com a minha mãe por causa de uma receita de canja. Ela fez a receita com muito óleo, porque a cozinha dela é dos anos 1960, 1970, e daí me veio a ideia de repaginar essas receitas, trazer para o mundo atual; hoje em dia não se usa metade dos ingredientes que se usavam no passado. E é um pouco também uma homenagem a ela, que fez esse caderno para nós.

p.134. André Derain. *A mesa da cozinha*, 1922.

Ela era muito nova quando ficou viúva e sustentou a casa durante muito tempo, sempre cozinhando bem, porque do que ela gostava era isso, ter todo mundo em casa. Nós éramos quatro filhos e, como ela não queria perder o controle, chamava os amigos, sempre às sextas à tarde, aos sábados. Fazia pizza, torta, bolo. Eu me recordo disso, todos em casa e ela cozinhando... Anos depois, virou a minha profissão.

136

**Brás, São Paulo,
década de 1940.**

Patrícia Lopes

Eu sou de cozinha salgada, não tenho muita habilidade na confeitaria, tem muito comida caseira, saudável, não tão pesada em condimentos como era costume no passado. Até por ter morado fora, tenho muita influência da cozinha mediterrânea, da cozinha espanhola.

Meus pais são brasileiros. Por parte de pai, meu avô era italiano e minha avó, espanhola. Por parte de mãe, os dois eram espanhóis, então a nossa culinária tem muita influência espanhola, tem essa característica, muita sopa, muito cozido, uma comida mais forte.

Meus avós vieram jovens, ele era de Málaga, se conheceram aqui no Brasil, casaram e foram morar no interior, na região de Sorocaba. Eles eram muito pobres, então a comida era rústica mesmo, comida de roça. Tinha muito cozido, mas era um cozido adaptado ao que tinha aqui no Brasil e isso foi passando de geração para geração.

Lembro que minha avó punha todos os pedaços do frango, pescoço, pés, eu adoro! O puchero que eu faço leva frango, linguiça e carnes menos nobres, porque ficam horas cozinhando.

A tortilha espanhola que minha avó fazia para mim tinha sempre batata e vagem, mas a tortilha típica espanhola só tem batata.

Na verdade, minha avó fazia com o que tinha para incrementar um pouco mais, e é assim que as receitas vão se transformando. A minha cozinha é um pouco o que absorvi da minha avó, e que ela, por sua vez, aprendeu com a mãe dela, com as adaptações a que eles tinham acesso, por questões econômicas, de regionalidade etc.

Quando estudamos culinária percebemos que, em qualquer lugar onde houve imigração, fica a influência ligada ao contexto do que o imigrante traz.

Depois meus avós vieram para São Paulo e foram morar na região do Brás. Eu já havia estudado gastronomia em Curitiba e, quando fui para Londres para me especializar, acabei me encantando com a cozinha espanhola. Foi numa época em que estava em alta o chef Ferran Adriá e a cozinha molecular.

A minha mãe ficou viúva muito cedo, depois de doze anos de casada, mas ela era dona de casa, cuidava do café da manhã, almoço e jantar, lanches e bolos. Ela cozinhou para a família e, depois de uns dois, três anos, saiu para trabalhar fora, para nos sustentar. Na verdade, ela foi estudar e trabalhar. Esse período, lá em casa, foi mais da comida pronta, de freezer. Foi aí que minhas irmãs e eu fomos introduzidas na cozinha.

Eu me lembro de sempre ter reuniões em casa em volta da mesa. Minha mãe cozinhava e nós não tínhamos o luxo de sair para comer, exceto no Jack in the Box, que era uma sensação.

Minha mãe cozinhava absolutamente tudo! Em nossas festas de 15 anos, no Natal e no réveillon, era sempre ela quem cozinhava. Fazia empadinhas, tortas, brigadeiros, toda celebração era em casa. As minhas irmãs traziam amigos do colégio e minha mãe fazia pizza. Ela punha uma tampa de panela sobre a massa e recortava para ficar bem redondinha. A torta de frango dela é superfamosa! E ela inventava também, tinha umas criações malucas!

No réveillon, era casquinha de siri, até hoje não há um Ano-Novo que não tenha! Vinham os tios, os amigos, os namorados das irmãs, e ela sempre lá, cozinhando. Todos os anos!

Tinha uma casa grande, a cozinha era gigantesca. Hoje em dia acontece de às vezes ela me ligar e pedir para eu passar uma receita do caderno, que está comigo. No Natal, ela fazia um frango recheado com minialmôndegas. Lembro-me de todo mundo enrolando almôndega do tamanho de um brigadeiro. Depois ela fritava e recheava o frango com elas. Não sei de onde é essa receita, talvez desses livros Receitas da mulher casada, Receitas de família, Dona Benta...

E tem a torta de coco que eu vou fazer para o aniversário dela; chama-se "torta Napoleão". Há alguns anos eu comecei a digitalizar o caderno de receitas da minha mãe, porque naquele tempo eu achava que tudo tinha de ser digitalizado... Já hoje eu gosto de ver o caderno, folhear, ver as folhas amareladas... Se a página estiver limpíssima, significa que aquela receita ninguém fez.

Recentemente começaram a resgatar a comida feita em casa. Vieram os netos e minha mãe voltou a fazer comida para as crianças. Levo meu filho lá, e aí tem bolo. É muito afetivo esse ato de alimentar... Uma coisa é almoçar porque tem de almoçar e ir para a escola, e outra é o ato de preparar um bolo especialmente para tomarmos um café juntos... Semana passada ela falou: "Eu fui dormir às duas da manhã porque eu fiz mil biscoitos". É essa a receita de biscoito de nata, que deve ter umas quinze versões anotadas no caderno.

A comida no dia a dia era um pouco de tudo, o trivial. Sempre arroz, feijão, uma carne de panela que depois eu aprendi a fazer, com muita cebola, na panela de pressão. Outra receita era sardinha escabeche, que comíamos como proteína, uma receita bárbara!

Depois que meu pai faleceu, minha avó, mãe dele, vinha com frequência a nossa casa. Como ela era italiana, eu me lembro dela em casa, fazendo nhoque e ensinando a minha mãe. Ela me ensinou a fazer filé de frango à milanesa – me vem à mente a voz suave dela falando: "Você tem de passar farinha de trigo para a casquinha grudar e não despedaçar". Nessa época minha mãe já trabalhava fora, então era um alívio que alguém viesse cozinhar.

Depois minha avó por parte de mãe veio morar conosco. Eu me lembro da tortilha e do cozido que ela fazia. Minha mãe sempre falou muito bem da minha avó paterna, mais do que da própria mãe, "que sangue quente", as duas eram espanholas...

A torta de frango da minha mãe é que é uma torta de frango! E tem a torta de liquidificador, que em casa chamava torta de restos, tenho até vergonha, porque minha mãe realmente pegava o que tinha na geladeira. Ela é assim, superou todas as dificuldades financeiras, criou quatro filhos, vive bem, tem dinheiro, casa na praia, mas até hoje ela limpa a geladeira e põe tudo na tal torta.

Ela tinha medo, e isso é uma leitura que eu faço, de que os filhos saíssem para a rua na casa de amigos e ela tivesse de controlar nós quatro, então o melhor era ter todo mundo dentro de casa.

Os aniversários de todos nós eram festejados em nossa casa, que era enorme, e os pratos que se serviam eram mais lanches, petiscos. A não ser no Natal e no Ano-Novo, quando ela fazia mesmo uma ceia! Tinha até um coquetel de festa com guaraná e pêssego em calda. Quando fomos a Barcelona, comi uma entradinha que minha mãe fazia. Era a azeitona marinada com orégano no vermute Cinzano, uma maravilha!

Minha mãe começou a registrar algumas receitas que costumávamos fazer quando ela ia trabalhar e não estava em casa. Foi a minha irmã mais velha quem teve essa ideia. Em vez ficarmos cada vez anotando, ela falou: "Vamos montar um caderno". Era um caderno comum, e ela começou a escrever e colar tudo. E foi pegando o costume.

Além das receitas que fazíamos, tem até algumas tão simples que não mereciam ser registradas, até receitas de que minha mãe gostava e também colava, como essas que vêm no rótulo da Maisena ou do leite condensado. Nesse caderno eu escrevi, minhas irmãs escreveram, minha mãe escreveu, tem caligrafia de todo mundo, até das minhas tias de Goiás, de Mato Grosso e de Vitória, da época em que elas moraram em São Paulo. Até hoje meu irmão tira sarro de mim porque escrevi uma palavra errada, mas eu tinha 7 anos e estava aprendendo a escrever...

Quando fui para a área da gastronomia, da culinária e comecei a cozinhar, minha mãe me deu esse caderno. E foi logo no início, quando eu comecei a trabalhar com comida. Hoje em dia, conversando com ela, digo: "Mãe, aqui tem uma receita que não tem as medidas...". "Ah, mas é fácil, você pega a farinha assim, mistura com água...". Ela fazia tudo no automático, e isso acabou vindo para mim, e pouquíssimas são as receitas que agora, nesta fase da minha vida, eu fiz desse caderno.

Só que foi muito legal folheá-lo pelas lembranças, pelas receitas que nunca mais se fez, como a gelatina chinesa, que todo mundo gostava. É aquela do mosaico, toda colorida. Tem outra gelatina com abacaxi, que a minha mãe descascava todo, cozinhava a casca e fazia a gelatina com esse líquido para ficar com bastante gosto do abacaxi... Agora, retomando outros projetos da minha vida, estou olhando mais o caderno... Tem várias receitas que na verdade são especiais para mim.

Esse caderno foi evoluindo com a família, ele tem pouco menos que a minha idade, eu me lembro disso. Olhar essas receitas traz a memória de vários momentos específicos da minha vida. Tem até a evolução da culinária na família. Engraçado é que algumas receitas nem estão no caderno, pois acho que ela sabia de cor, e muitas ela improvisava também, afora as anotadas em pedacinhos de papel, boletim de aluno... Não sei se passei essas receitas para o caderno ou se joguei fora. De muita coisa eu me arrependo.

Torta de linguiça

Ingredientes

Massa
- 1 pacote de sopa de cebola
- 2 xícaras (chá) bem cheias de farinha de trigo
- 3 colheres (sopa) de fermento em pó
- Leite para amassar

Recheio
- 500 g de linguiça fresca
- 4 tomates
- 1 cebola
- Salsa a gosto
- Farinha de trigo o quanto baste para engrossar o recheio

Modo de preparo

- Misturar a farinha de trigo, a sopa de cebola e o fermento em pó. Acrescentar o leite aos poucos até formar uma massa homogênea. Reservar.

Recheio
- Desmanchar a linguiça e fritar em pouco óleo.
- Picar os tomates, a cebola e a salsinha, juntar tudo com a linguiça e deixar cozinhar. Acrescentar a farinha de trigo para engrossar.

Montagem
- Preaquecer o forno a 180ºC.
- Forrar uma forma com a massa (reservar uma parte da massa para cobrir a torta).
- Rechear e cobrir com o restante da massa.
- Pincelar com 1 gema batida e levar ao forno por 40 minutos ou até dourar.

Baianinhas

Ingredientes

- 1 lata de leite condensado
- 1 ½ xícara (chá) de amendoim torrado e moído
- 1 coco ralado
- Açúcar cristal para passar os docinhos

Modo de preparo

- Levar ao fogo uma panela com o leite condensado, o amendoim e o coco ralado, mexendo sempre até desprender do fundo da panela.
- Retirar do fogo, despejar em um prato e deixar esfriar.
- Enrolar a massa em bolinhas e passar pelo açúcar cristal. Colocar as bolinhas em forminhas de papel. (Rende 50 docinhos.)

Rosa Belluzzo

Rosa Belluzzo

Quantas e tão boas refeições ficaram na minha lembrança! Ao longo dos anos, participando, com familiares e amigos, de refeições que exibiam pratos variados, e como assídua frequentadora de bons restaurantes, tive o ensejo de apreciar tantas e tão boas comezainas que seria difícil apontar aquelas que se eternizaram na minha memória.

Boas lembranças tenho das deliciosas iguarias da minha avó materna, Hermelinda. Fazendeira de café, criada no interior de São Paulo, preparava a tradicional comida caipira paulista. Foi uma grande cozinheira! Esmerava-se na preparação dos pratos. E foi também uma grande anfitriã que distribuía carinho para os parentes e netos através da comida.

Do fogão a gás, novidade e inovação nos anos 1930, desprendiam-se aromas deliciosos no dia a dia. O cardápio era simples: arroz, feijão, carne de panela acompanhada de angu ou farofa, virado à paulista, cuscuz de frango ou de peixe, mandioca frita, bolinho de arroz.

A paçoca de carne-seca preparada no pilão, em que a carne é triturada até desfiar para, em seguida, ser acrescida, aos poucos, de farinha de mandioca. Havia ainda a tigelada de chuchu, que era uma presença frequente à mesa, e não faltavam saladas e verduras. Sem mencionar os pastéis de carne, de palmito ou de queijo, que eram cortados, com carretilha, em forma de meia-lua.

Toda a comida era feita com banha. Cortava-se o toucinho fresco em cubinhos, derretia-se em um tacho e armazenava-se em recipiente de vidro com tampa. O torresmo crocante era a alegria da criançada – e dos adultos também.

Entre as sobremesas não faltavam manjar branco, pudim de leite, creme de laranja, doce de abóbora, de figo, curau, marmelada e goiabada com queijo.

p.146. Pedro Alexandrino. *Natureza--morta*, **data desconhecida.**

Guilherme Gaensly. Colheita do café na Fazenda Araraquara. Acervo do Museu Paulista da USP, São Paulo.

Rosa Belluzzo

As refeições e os doces eram preparados em fogo brando, emanando aromas irresistíveis que até hoje impregnam meu olfato e meu paladar e são testemunhas da transmissão da cozinha familiar. Essas doces lembranças que degustei na minha infância atravessam o tempo e ainda permanecem na minha memória.

Em dias de festa, os pratos eram mais elaborados. Na mesa farta não faltavam o lombo de porco, o frango recheado e o pernil com farofa.

Já nos lanches da tarde havia deliciosas e variadas guloseimas, entre elas a geleia de mocotó e uma variedade de bolos, destacando-se o de fubá. E não faltavam as quitandas: bolinhos de chuva, broas de fubá, biscoitos de polvilho, sequilhos e balas de café, tudo acompanhado de café ou chá.

Todos os dias minha avó preparava a coalhada, disputada pelos netos, mas ela reservava um vidrinho para o seu preferido. Muitas vezes saía até briga entre os primos! Os doces em calda e em massa eram guardados na despensa, no guarda-comida, um móvel de madeira com portas de tela metálica fina para arejar.

Muitos pratos não eram para cozinheiros principiantes. O preparo do frango ao molho pardo, por exemplo, exigia uma técnica especial. Primeiramente, se destroncava o pescoço do frango e se aparava o sangue em uma tigela com vinagre, mexendo sempre para não coagular. Depois, o frango era depenado e levado ao fogo para sapecar as penas. Em seguida, cortado pelas juntas, deixado em água com vinagre ou limão, escorrido e temperado.

Minha avó colocava a banha de porco em uma panela, refogava a cebola, o alho e colocava o frango para dourar. Regava com os temperos da marinada e acrescentava, aos poucos, água fervente, até cozinhar o frango e formar um molho espesso. Para acompanhar, um delicioso angu.

Não esqueço das tardes em que minha avó Hermelinda preparava a geleia de mocotó. Sob imensa trempe de ferro montada no quintal, ela acendia o fogo e colocava o enorme tacho de cobre com o mocotó e seus temperos. Para as crianças, era um dia especial, pois tínhamos a oportunidade de mexer a geleia enquanto a preparação apresentava-se líquida. Pegávamos a grande colher de pau, de cabo muito longo, e mexíamos. Depois, os adultos, com suas mãos firmes, apuravam e batiam a massa até aparecer o fundo do tacho e a geleia adquirir consistência.

Minha família morava no interior. Passávamos as férias em São Paulo e ficávamos hospedados na casa da vovó Hermelinda, que nessa época morava na Liberdade. A noite de Natal sempre era uma comemoração memorável. Minha tia ou a minha mãe, alternadamente, vestiam-se de Papai Noel, distribuíam os presentes e, depois, todos nós ceávamos. Na ceia, desfilavam sabores para todos os gostos. A mesa era farta, composta por leitãozinho assado, cuscuz à paulista e peru recheado com farofa de castanhas, prato preparado especialmente para meu pai.

Completando essas delícias, vinham as sobremesas, dentre as quais as que faziam mais sucesso eram o pudim de pão, a torta de nozes recheada de creme de baunilha coberto com suspiro, levada ao forno para dourar, e o espera-marido, também conhecido como ovos queimados. O arroz-doce é uma tradição familiar; depois de pronto, era colocado em pratinhos de sobremesa e salpicado com canela, com as iniciais do nome de cada convidado.

Eu fui a herdeira do caderno de receitas da minha avó, datado de 1911. É interessante notar que os cadernos de receitas dessa época, de todos pesquisados, enfatizam especialmente os doces, as quitandas e as sobremesas, o que comprova que os pratos salgados, com efeito, eram guardados na memória, pois as receitas não obedeciam a um absoluto rigor nas medidas e pesos.

Vale destacar uma receita curiosa que encontrei no caderno de minha avó: "Para uma viagem demorada, os apreciadores do bom café poderão tê-

-lo sempre bom com um pouco de trabalho tendo antes se munido do bom café. Este prepara-se com 500 gramas de café torrado para 6 litros de xarope simples. Coloca-se o café num filtro de deslocação e esgota-se pela água a ferver. Misturam-se as [sic] 100 gramas assim obtidas com o xarope e concentra-se a fogo nu ou a banho-maria até que o líquido se reduza e depois engarrafa-o frio".

A cozinha, para mim, era um ambiente misterioso, no qual a minha avó não me deixava entrar. Minha mãe não me introduziu na cozinha e nunca me ensinou a cozinhar, mas eu gostava de fazer bolos e o rocambole com creme inglês, sobremesa preferida de meu pai.

Eu também tenho o meu caderno de receitas, que comecei a fazer aos 12 anos. Esse caderno tem uma variedade de receitas salgadas e doces transmitidas pela minha avó e pela minha mãe.

Tornou-se um hábito alguns convidados, mensalmente, se reunirem num jantar em minha casa. Eu me esmerava na elaboração dos pratos. Os convidados solicitavam sempre o mesmo cardápio: cuscuz de peixe com molho de camarão, muito elogiado. Como segundo prato, o *boeuf bourguignon* acompanhado do suculento molho de vinho, cozido com ervas de Provence, salsão, alho-poró, cenoura, champignons de Paris, que impregnava a casa com seus aromas. O bourguignon era acompanhado de *râpée morvandelle* (batatas finamente cortadas, mescladas com ervas e creme de leite e assadas ao forno). Como sobremesa, o manjar branco com calda de ameixa, a *bavaroise* de morango e o toucinho do céu.

Os hábitos alimentares do cotidiano são passados de geração para geração através de fontes orais ou registros escritos. Minha mãe, por exemplo, não tinha caderno de receitas, fazia tudo de memória. Todas as receitas que ela colecionou, das mais variadas proveniências – árabe, italiana, russa, francesa, entre outras –, eram transmitidas às suas auxiliares com exatidão.

Um dos pratos prediletos de filhos e netos era o *capeletti in brodo*, preparado com muito capricho! O caldo era feito com carne e frango, alho-poró, salsão, cenoura e bouquet garni. Depois de bem apurado, coava-se e cozinhava-se o capeletti.

Meus pais, Luiz Gonzaga e Candelária, tinham um paladar universal. A cozinha diversificada de minha casa reunia iguarias de vários países, um hábito cultural que mantenho até hoje.

Como se pode notar, a multiplicidade cultural também permeia a culinária no Brasil, contemplando as mais diversas combinações étnicas.

Cuscuz à paulista

Ingredientes

- 1 xícara (chá) de azeite de oliva
- 4 xícaras (chá) de água
- Sal a gosto
- 6 xícaras (chá) de farinha de milho
- ½ xícara (chá) de farinha de mandioca crua
- 1 ½ kg de peixe de carne consistente (badejo, por exemplo)
- 1 cebola grande picada
- 3 dentes de alho amassados
- 300 ml de molho de tomate
- 1 lata de ervilha
- 1 vidro grande de palmito em rodelas
- 300 g de camarão pequeno (sem casca)
- 6 camarões grandes para decorar o cuscuz
- ½ xícara (chá) de azeitonas verdes picadas
- 1 xícara (chá) de salsinha picada
- Para decorar: reservar 6 rodelas de palmito e 6 camarões grandes

Modo de preparo

- Em uma panela aquecer o azeite, a água e o sal. Reservar.
- Peneirar as farinhas de milho e de mandioca em uma tigela grande. Escaldar as farinhas com a mistura do azeite, mexendo para não formar grumos. A massa deve ficar bem úmida.
- Temperar as postas de peixe com sal, limão e alho. Refogar no azeite. Reservar.
- Em uma panela, aquecer 2 colheres de azeite de oliva e refogar a cebola e o alho. Adicionar o molho de tomate e cozinhar até engrossar. Acrescentar as ervilhas, o palmito, as azeitonas e a salsinha.
- Temperar o camarão com uma pitada de sal e refogar rapidamente no azeite antes de colocá-lo no molho de tomate. Acrescentar aos poucos a farinha e mexer até obter uma massa úmida.
- Experimentar o sal e cozinhar por 10 minutos em fogo baixo.
- Colocar água na base do cuscuzeiro e levar ao fogo para ferver.

Montagem

- Decorar o fundo do cuscuzeiro com os camarões refogados. Colocar metade do recheio no recipiente e decorar as laterais com o palmito. Pressionar a massa com as costas de uma colher, para firmar.
- Colocar alternadamente o peixe e a massa, sendo que a última camada deve ser de massa.

Pernil assado

Ingredientes

- 1 pernil suíno de 4 kg
- 5 dentes de alho amassados
- 2 colheres (sopa) de sal
- Pimenta-do-reino moída na hora a gosto
- Suco de 2 limões
- 750 ml de vinho branco
- 2 cebolas médias picadas
- 3 folhas de louro
- 1 colher (sobremesa) de orégano
- 1 maço de cheiro-verde
- 2 litros de água
- ½ xícara (chá) de azeite de oliva

Modo de preparo

- Temperar o pernil com alho, sal e pimenta-do-reino na véspera de servir. Colocar o pernil em uma assadeira e regar com o suco de limão e o vinho branco. Juntar a cebola, o louro, o orégano e o cheiro-verde. Cobrir com papel-alumínio e levar à geladeira.
- No dia seguinte, transferir o pernil com a marinada para uma panela grande, acrescentando água fervente. Cozinhar por 2 horas.
- Preaquecer o forno a 200ºC.
- Transferir o pernil para uma assadeira untada com azeite. Regar com a metade do caldo do cozimento e o restante do azeite.
(Se o caldo secar, acrescentar mais marinada.)
- Cobrir com papel-alumínio e assar por cerca de 3 horas ou até que a carne esteja cozida. Retirar o papel-alumínio e deixar o pernil dourar.
- Servir com farofa e arroz.

Broinhas de fubá

Ingredientes

- 1 copo de leite
- 1 copo de água
- ¾ de copo de óleo
- ¾ de copo de açúcar
- 1 colher (café) de sal
- 1 colher (sopa) de erva-doce
- 1 copo de fubá mimoso
- 1 copo de farinha de trigo
- 5 a 6 ovos grandes
- Óleo para untar

Modo de preparo

- Preaquecer o forno em temperatura alta.
- Em uma tigela, misturar o fubá e a farinha de trigo.
- Levar o leite, a água, o óleo, o açúcar, o sal e a erva-doce para ferver.
- Juntar lentamente a mistura de fubá e farinha de trigo e deixar cozinhar até formar uma massa homogênea.
- Retirar do fogo e deixar esfriar.
- Transferir para uma tigela grande e acrescentar os ovos um a um. Sovar com as mãos até o ponto de enrolar.
- Deixar descansar por uma hora.
- Untar uma forma retangular com óleo.
- Com as mãos também untadas com óleo, enrolar pequenas bolinhas (do tamanho de um fundo de xícara de café).
- Levar para assar em forno moderado, a 200 ºC.

Sylvia Loeb

Sylvia Loeb

CADERNO DE RECEITAS DA IGNEZ

Minha mãe foi uma cozinheira estupenda, diz uma menininha de 5 ou 6 anos de idade apaixonada pela mãe: panquecas de ricota cobertas com creme de leite, empadinhas de queijo que derretiam na boca, pastéis que eram levados fritos para serem saboreados na Praia Grande, o arroz e o feijão de todo dia acompanhados de bife, batatas fritas e salada de tomate. O molho de tomate espesso e borbulhante servido em cima do macarrão passado na manteiga, o risoto de camarão preparado com o arroz do dia anterior, coberto com molho de camarão vermelho. Nada a ver com o que chamamos de risoto hoje.

Os títulos do caderno são maravilhosos: "Camarões refinados", "Frango à moda húngara", que de húngaro tinha a "páprika" (com "k") e pimentões, para serem servidos com "Nhoque viennense" (com duplo "n"), "Chucrute da Bertinha", uma prima que morava no Tremembé. O "Bife Biarritz" consistia de vários bifes fritos, um a um, depois cozidos em caldo de carne, com mostarda, "assucar" (com duplo "s"), champignon, um vidro de creme de leite, uma colher de farinha de trigo, uma colher (café) de limão, molho inglês a gosto, uma gema, salsa picada. Arre! Nossa mãe nunca fez esses bifes, do que ela nos salvou!

"Bacalhau comido na casa da Iná", esse é o nome da receita. Um jeito carinhoso de levar a amiga para casa. A cada vez que degustava o "bacalhau comido na casa da Iná", lembrava-me dela. Já a "Salada finíssima" levava abacate, maionese, camarão cozido, petit pois e maçã, tudo isso servido na casca do abacate. E o "Arroz diferente", que de diferente levava meio copo de vinho do Porto ou de Madeira e uvas-passas negras.

O pequeno caderno tem mais de cinquenta anos de vida, é testemunha da passagem do tempo na família. Casamentos, separações, novos casamentos, mortes, nascimentos. Está manchado, manuseado, marcado, algumas páginas rasgadas. Por ele, como nos álbuns de fotos, perpassa um tempo em que éramos outros, e hoje somos nós.

p.158. Estevão Silva. *Natureza-morta*, 1888. Pinacoteca do Estado de São Paulo.

Vincent Van Gogh. *Camarões e mexilhões*, 1886.

Sylvia Loeb

O que ficou realmente plasmado na minha memória gustativa foram poucos pratos, mas que são, até hoje, imbatíveis: pizza feita em casa, que comíamos aos sábados à noite; massa socada à mão, com "fermento Fleischmann" – ela crescia, ficava fofa e era esticada em uma forma retangular, depois recoberta com queijo mozarela e rodelas de tomate regadas com "azeite bom" (isso mesmo, "azeite bom") e orégano. A massa assada rescendia e era chamariz para os filhos sempre esfaimados. Comíamos a mais não poder, eu sempre acabava com falta de ar, parecia o último dia de minha vida, tamanha a gula.

De sobremesa, salada de frutas cortadas bem miudinhas. Comíamos baldes! Eu subia as escadas para o meu quarto de joelhos por conta da barriga muito cheia! Até hoje gosto de encher a barriga. Só vou parar um pouco antes do infarto.

Outra receita inesquecível era o bolo de chocolate, servido apenas aos finais de semana, quando, então, tínhamos direito a refrigerante. O bolo era disputado palmo a palmo e, se sobrava um pedaço na geladeira, um dos irmãos dizia que tinha lambido aquele pedaço, ou seja, enchia de nojo as outras crianças, que não podiam mais comer. Não lembro como resolvemos essa questão.

Uma das receitas que agradavam a todos, mas em especial a um de meus irmãos, eram os "'S' de queijo", sempre uma surpresa deliciosa. Essa é uma receita de minha avó, feita pelas mãos maravilhosas da Juca, uma avó agregada, queridíssima, que ficou mais de cinquenta anos na família. Criou minha mãe e minhas tias. Nós, os netos, convivemos com ela todo esse tempo. Linda, negra, gorda, usava um turbante branco, inigualável, e rescendia a água de rosas.

A Juca morreu um ano depois de minha avó de sangue. Mal tivemos tempo de fazer o luto de uma, a outra foi em seguida. Duas mulheres que marcaram nossas vidas. Uma negra, outra branca, sempre com alguma comida maravilhosa para nos alimentar.

Um desses pratos mais que saborosos, comum nos dias de festa, era o pavê de frutas! Além de delicioso, levava rum, deleite das crianças! Terminantemente proibida para nós, a bebida alcoólica era permitida apenas nessa sobremesa, nessa ocasião, em dias especiais.

Eu ajudava minha mãe a molhar os biscoitos champanhe: em um prato fundo ela misturava leite e um pouco de rum; eu tinha que umedecer os biscoitos o suficiente para ficarem perfumados com a mistura, mas não podiam ficar encharcados, ou não dariam sustentação ao pavê. Ele desmoronaria feito um castelo de areia, era o que minha mãe dizia. Operação complicada para uma menina pequena, de joelhos em um banquinho para ficar na altura da mesa. Minha irmã, de pernas cruzadas, supervisionava o trabalho. Severa, retirava os biscoitos encharcados e os comia. Os farelos que caíam no chão eram lambidos pelo nosso cachorro, uma boxer loura, que latia e dava pulos de alegria. Minha mãe tentava pôr ordem no carnaval, mas era difícil.

Mas a rainha das receitas, que me acompanha até hoje, é a de panqueca de ricota. Ela atravessou anos de imensas modificações culinárias. Também o risoto mudou de cara, hoje feito com arroz italiano, al dente. O rosbife de picanha ou maminha, cada vez mais crus, substituíram os rosbifes de alcatre, fibrosos e bem-passados. Todas as massas italianas, de grano duro, servidas al dente, diferentes daquelas com ovos, douradas, muito macias, que as crianças adoravam. Passadas na manteiga, os pequenos silenciavam com suas barrigas acalmadas. O alho e a cebola continuam os mesmos, acrescidos dos sais mais extraordinários: sal rosa do Himalaia, sal negro do Havaí, sal rosa do Peru, sal azul do Irã, flor de sal, sal de Guérande, sal do Alasca.

Mas as panquecas, soberanas, soberbas, na sua simplicidade sofisticada, atravessam os jantares mais chiques, mais refinados. Acompanham carnes com seus molhos untuosos, ou se deixam saborear desacompanhadas, em silêncio, tal a delicadeza do sabor. Servidas em grandes bandejas de prata, fazem gosto aos olhos e ao paladar.

A comida caseira desperta lembranças, mexe com a memória mais remota de cada um de nós. "Caseira" evoca ninho, cabana, toca, lugar, pousada, esconderijo. Não à toa, crianças levam comidinhas, muitas vezes roubadas da cozinha, para seus esconderijos.

Sylvia Loeb

Alimento e teto são necessidades atávicas, desde os homens das cavernas. Cada família, cada lar, com seus costumes, com seus modos muito próprios de lidar com os elementos mais primordiais da sobrevivência, vai tecendo, através das gerações, histórias que se inscrevem, pouco a pouco, na cultura familiar.

É a herança simbólica que recebemos, que molda nosso modo de ver e de viver, nossos caminhos e descaminhos. O bebê apreende o mundo com os recursos de que dispõe: no início, abrindo a boquinha e sorvendo o leite quentinho, ouvindo a voz da mãe que conversa com ele, pelo contato e pelo odor de sua pele e, finalmente, pelo olhar. Mundo que pouco a pouco vai se transformando, aliando o prazer do corpo ao prazer estético.

Cada garfada e cada gole são um universo que se apresenta a nós, embasbacados de saudades, recordações e prazer. Nossa mãe nos deixou uma herança que, com certeza, marcou cada um dos filhos de modo muito particular.

Saudades de minha mãe.

Panquecas de ricota

Ingredientes da massa

- ½ xícara (chá) de água
- ½ xícara (chá) de leite
- 3 colheres (sopa) cheias de farinha de trigo
- 2 ovos inteiros
- 1 pitada de sal

Recheio
- 1 peça de ricota bem amassada com o garfo
- 1 ovo inteiro
- Um pouco de leite
- Sal a gosto

Modo de preparo

- Colocar todos os ingredientes no liquidificador e bater um pouco.
- Em uma frigideira com manteiga fazer as panquecas finas. Devem ficar ligeiramente douradas de um lado e do outro. Repita até esgotar a massa. Reservar.

Recheio
- Juntar todos os ingredientes e misturar até que se tornem um creme consistente.

Montagem
- Rechear as panquecas, dispor em um refratário untado com manteiga. Regar com creme de leite.
- Levar ao forno para servir bem quente. (Esta receita rende 19 panquecas.)

"S" de queijo e ricota (Avó Juca)

Ingredientes

Massa
- 1 ovo inteiro
- 1 colher (sopa) de óleo
- Sal a gosto
- Água gelada (o quanto baste)
- 250 g de farinha de trigo (ou o quanto baste para dar ponto)

Recheio
- 500 g de ricota
- 200 g de queijo branco
- 2 gemas
- Sal a gosto
- Manteiga derretida (o quanto baste)

Modo de preparo

Massa
- Misturar bem todos os ingredientes. A massa deve ficar mais para mole.
- Depois de pronta, colocar numa tigela coberta e deixar descansar por meia hora contada no relógio.

Recheio
- Amassar a ricota e o queijo branco. Misturar os outros ingredientes para obter um creme.
- Abrir a massa bem fina, salpicar com manteiga derretida fria e rechear com a ricota.
- Enrolar formando um "S".
- Untar a assadeira, colocar o "S" de ricota. Pincelar com a manteiga derretida.
- Levar ao forno.

Pavê de frutas (mamãe)

Ingredientes

- 400 g de biscoito diplomata
- Creme de chocolate: 500 ml de leite, 2 colheres (sopa) rasas de maisena e açúcar a gosto
- Creme inglês: 500 ml de leite, 2 colheres (sopa) de chocolate em pó, 2 colheres (sopa) rasas de sopa de maisena e 2 gemas
- Vinho branco ou rum para umedecer os biscoitos
- 3 laranjas cortadas em quadradinhos e escorridas na peneira
- ½ abacaxi cortado em quadradinhos e escorridos na peneira
- 3 maçãs ácidas cortadas em quadradinhos
- Alguns morangos
- 750 ml de creme chantili

Modo de preparo

- Preparar o creme de chocolate e o creme inglês.
- Umedecer os biscoitos com vinho branco ou rum e leite e dispor num refratário as camadas na seguinte ordem: biscoitos, creme de chocolate, biscoitos, creme inglês, biscoitos, laranja, maçã e abacaxi (adoçar as frutas se necessário).
- Cobrir tudo com creme chantili e enfeitar com os morangos.
- Levar à geladeira.

Vera Lauria

Vera Lauria

Foi para mim uma viagem no tempo reler as receitas de minha bisavó: Ana Augusta de Barros, conhecida como Ana Augustinha – para mim, vovó Cuquinha. Ela era filha de Cezario Rodrigues de Barros, que era natural de Piracicaba e tinha vinte irmãos!

Naquele tempo as toalhas engomadas e os bules de louça estrangeira compunham o cenário para as inúmeras quitandas, como eram chamados sequilhos, bolachinhas, amanteigados e docinhos. Uma boa mesa podia ser para o chá da tarde, com amigos e familiares. Os assuntos eram escolhidos para se ter o prazer da boa conversa.

De família bem tradicional brasileira, suas preferências ficaram marcadas nas velhas páginas do caderno escrito com letra firme. Depois de viúva de Francisco de Paula Ramos, voltou com seu filho Bento para São Paulo, onde ele se formou dentista. Ela nunca abandonou seus dotes culinários, o que lhe valeu muitas vezes um dinheiro extra. Forte e alegre, ficou marcada na minha infância como a doce Bisa.

Eram muito divertidas suas irmãs! Veridiana gritava ao ver d. Pedro: "Viva a República!". Zizinha, Maria Leonides, sempre muito dispostas para fazer um bom cabrito. Eram mães exemplares.

Dessa família com tantas mulheres incríveis e brincalhonas, uma se tornou freira, tia Ana Flora. Do convento, onde experimentava suas rosquinhas, às recordações da fazenda onde foram criadas, minha admiração era sempre pelo humor de todas e pela hospitalidade.

Essas e outras receitas fazem a memória de suas primas, filhas de Francisco do Amaral. Muitas vezes repeti com prazer esse universo de lembranças na mesa de minha chácara, onde uso até hoje seu bule antigo para servir chá de erva-cidreira ou um bom chocolate.

Meus filhos sempre adoravam essas horas cheias de histórias e quitandas. Por essa razão, fiz as balas de amêndoas para receber a minha neta mais nova, Clara. Com flores de papel de seda, as balas famosas foram para cestas e, de lá, distribuídas. Um momento em que a descendente de Ana Augustinha trouxe de volta ao mundo de hoje o doce sabor das quitandas. Uma viagem de 160 anos!

Dos tachos de cobre enfileirados no fogão à lenha desprendia o aroma

p.168. Almeida Júnior. *Cozinha caipira*, 1895. Pinacoteca do Estado de São Paulo.

dos doces em compota. Na cozinha de fora da casa, junto à fornalha onde o tacho enorme para goiabada cascão esperava a safra da fruta, assim como as caixetas, que eram lavadas e postas ao sol.

Na cozinha de dentro, as deliciosas iguarias da família. Pratos feitos com capricho, como a célebre canja. A galinha caipira era cozida em fogo lento com temperos da horta. Desfiava-se e se colocava o arroz quebradinho ou cateto. E muitas vezes um pouco do sangue era guardado para o frango ao molho pardo, derramado no caldeirão que fumegava até a hora do jantar. À mesa, com toalhas de linho bordadas pelas filhas, o pai, Cezario, aguardava.

Ana Augustinha, filha do primeiro casamento, era cuidadosa e aprendeu na fazenda a guardar doces, fazer pães e roscas para a semana e aproveitar a quentura do forno à lenha para os biscoitos. Sequilhos que derretiam na boca, biscoitos de polvilho, guardados nos vidros. A despensa era farta, com os doces de um lado e carnes de porco na gordura acondicionados em latas. No varal se colocavam as linguiças e as peles para pururucar.

No tempo das frutas do pomar, faziam-se licores de mexerica, banana, pitanga e laranja. As deliciosas jabuticabas se transformavam em xarope, doce em calda e geleia. Não se perdia nada. Até remédios eram feitos no álcool, com caroços de abacate, folhas de jaca, banana-passa e caqui seco. A criançada corria solta pelo assoalho de tábuas largas.

Esse saudoso mundo Ana Augustinha levou no coração quando se casou. Piracicabana, foi para outras cidades com o marido até ficar viúva e fixar residência em São Paulo, para seu filho estudar.

Médico e dentista de profissão, ele casou-se com uma paulistana que veio a ser a nora querida de Ana Augustinha e minha adorável avó. Da fazenda para o mundo novo, deixaram todos os pratos prediletos da família registrados. As receitas de doces de minha Bisa trazem o perfume dos tachos de cobre que hoje são meus. O aroma das cascas de laranja secas que faziam o fogo aumentar.

Das memórias afetivas de minha avó materna lembro de histórias contadas. Seu pai, meu bisavô, veio de Portugal, trazendo nos costumes pratos do mar. A receita de arroz de polvo era a sua predileta. Costumavam assar peixes regados com fios de puro azeite, vinho branco, cebola, pimentões e tomate.

Minha bisavó fazia pratos com forte influência espanhola. Nascida no Peru, era filha de espanhóis. Um costume singular: nos aniversários dos filhos, Carmen preparava chocolate com churros. Naquele tempo, em São Paulo, pouco se sabia sobre chocolates temperados com raspas de laranja, muito menos de churros feitos em casa, sem recheio, é claro, apenas mergulhados na espessa bebida.

Portanto, vovó Lulú, como era seu apelido, era dona da mais perfeita tortilha, dos churros e de muitas delícias que me encantavam nas férias.

Do outro lado, minha avó paterna trouxe sua herança das terras da Itália, de Turim. Com suas mãos mágicas, enrolava o nhoque e o cortava virando-o com o garfo. Preparava a massa com batatas cozidas espremidas e bem pouca farinha. Muitas vezes fazia os de ricota com espinafre, perfeitos como nunca mais vi.

Risoto de açafrão

Ingredientes

- 2 ½ xícaras (chá) de arroz italiano canaroli ou similar
- 4 colheres (sopa) de manteiga sem sal
- 1 cebola ralada
- 100 ml de vinho branco seco
- 1 l de caldo de frango fresco (ou concentrado)
- 4 colheres (sopa) de queijo parmesão ralado
- 1 colher (sobremesa) de açafrão
- Sal a gosto

Modo de preparo

- O arroz italiano não precisa lavar. Em uma caçarola colocar a manteiga e deixar derreter. Acrescentar a cebola ralada e fritar na manteiga até tomar cor. Juntar o arroz e misturar bem. Acrescentar o vinho e deixar evaporar, adicionando aos poucos o caldo de frango e sal a gosto.
- Mexer de vez em quando para não grudar no fundo da panela. Quando estiver quase pronto, acrescentar o açafrão dissolvido em um pouco de caldo quente de frango. Mexer para misturar ao arroz.
- Na hora de servir, misturar 1 colher (sopa) de manteiga e o queijo parmesão ralado.

Arancini

O Arancini ou Supplì al telefono *é preparado com risoto de açafrão. Cada região da Itália tem um tipo de recheio para os arancini. Vou dar a receita do Arancini recheado de queijo, como em Roma.*

Ingredientes

- Risoto de açafrão
- Mussarela cortada em cubos
- Farinha de trigo para empanar
- 2 ovos batidos
- Farinha de rosca
- Óleo para fritar

Modo de preparo

- Colocar o risoto em um prato refratário e alisar a superfície. Deixar esfriar durante uns 30 minutos.
- Cortar a mussarela em 4 cm. Depois que o risoto estiver completamente frio, colocar porções de arroz na palma da mão, umedecida

com água (fazer um pouco de pressão para alisar o arroz). Rechear com o cubo de mussarela e cobrir com outra parte do arroz.
- Enrolar em formato redondo entre as mãos.
- Passar na farinha de trigo, depois no ovo batido e por último na farinha de rosca.
- Colocar o óleo em uma panela e aquecer a 170°C.
- Levar para fritar os *supplì* até que estejam dourados.
- Colocar sobre um prato coberto com papel absorvente.

Patê de pimentão

Ingredientes

- 1 cebola picada
- 1 dente de alho ralado
- 2 pimentões vermelhos
- 2 tomates
- 1 ovo
- 1 colher (sopa) de cheiro-verde (salsinha e cebolinha)
- Sal e pimenta-do-reino a gosto

Modo de preparo

- Fritar a cebola e o alho no azeite.
- Acrescentar os tomates picados, os pimentões, o cheiro-verde, sal e pimenta-do-reino a gosto. Cozinhar durante 15 minutos.
- Bater tudo no liquidificador.
- Voltar ao fogo e adicionar o ovo batido.
- Mexer bem e deixar a mistura engrossar. Você pode guardar na geladeira durante 15 dias.

Papos de anjo

Ingredientes

Calda
- 300 g de açúcar
- 2 xícaras (chá) de água
- 1 fava de baunilha

Massa
- 9 ovos
- Manteiga para untar as forminhas

Modo de preparo

Calda
- Em uma panela, colocar o açúcar, a água e a fava de baunilha cortada ao meio. Mexer até dissolver o açúcar. Deixar a calda engrossar até atingir o ponto de fio brando.
- Retirar do fogo e reservar.

Massa
- Preaquecer o forno a 180ºC.
- Bater as claras na batedeira e acrescentar as gemas uma a uma até dobrar de volume e o creme ficar esbranquiçado.
- Untar com manteiga forminhas de empada. Com uma colher de sobremesa despejar pequena quantidade de massa, enchendo-as até a borda.
- Levar ao forno preaquecido.
- Desenformar uma a uma e despejar na calda quente.

Viviane Sarraf e Rachel Sarraf

Viviane Sarraf e Rachel Sarraf

Rachel Panelli Sarraf (filha de Olga Dabague Panelli)

Minha família é ítalo-árabe, de maioria italiana, mas na cozinha predominou o lado árabe, que é o mais forte. Meu bisavô, pai da minha avó, era libanês e veio para cá solteiro.

Aqui, ele se casou com minha bisavó, que era italiana, e formaram uma família. Depois que nasceram os três filhos, eles foram para o Líbano, para que as famílias se conhecessem, e ficaram morando lá por um ano. Nesse ano, morando no Líbano, minha bisavó aprendeu muita coisa. Cozinhava muito bem e passou esse aprendizado para a minha avó. As duas eram excelentes cozinheiras!

Viviane Panelli Sarraf (filha da Rachel e neta de Olga Dabague Panelli)

Nos almoços que minha avó fazia – ela virou Bisa depois que meus filhos nasceram –, sempre tinha comida árabe, mesmo no dia a dia. Ela fazia muito mjadra, que é aquele arroz com lentilha, e, nas festinhas de aniversário que minha mãe organizava no salão, sempre havia quibe e esfiha preparados pela Bisa. Muitos convidados vinham para comer o quibe que ela fazia.

Mas também a culinária italiana era presente, por conta da influência da Cito, a minha outra bisavó. Era comida de italiano pobre mesmo, não era de italiano sofisticado: macarrão à puttanesca, coisas mais simples, molho de tomate, almôndegas. Pratos mais sofisticados italianos não faziam parte da culinária da Cito.

Não aprendi nada dessas coisas mais complicadas. Eu gosto de cozinhar, mas não é o meu forte. Eu fazia muito doce, cheguei a fazer bolos para fora, tipo "Amor aos pedaços".

p.178. Andrea Commodi. *Mulher jovem na cozinha. Natureza-morta,* primeira metade do século XVII. Coleção privada.

Lentilhas.

Rachel

Ela fazia a massa do macarrão e do ravioli na mão. Era tudo muito caprichado e pequenininho.

Minha prima tinha uma lanchonete em São Bernardo do Campo, eu fazia os bolos no sábado e ela levava dois ou três para servir em pedaços no domingo. Mas depois ela fechou a lanchonete e eu não fiz mais.

Quando eu casei, não sabia cozinhar, para falar a verdade. Eu sabia muito pouco, mas a minha sogra veio morar conosco uns tempos, então eu ficava toda atrapalhada, porque ela cozinhava totalmente diferente da minha mãe. E ela queria que eu cozinhasse como ela.

Ela cozinhava muito bem, isso tenho que falar, mas era uma comida diferente, alguma coisa judaica... Até a canja, de que nunca me esqueço, é diferente da que eu faço, diferente da que a minha mãe fazia...

Viviane

Depois que meu pai faleceu, quando eu tinha 2 anos, fomos morar com os meus avós e minha mãe voltou para a casa dos pais. A minha avó era quem cozinhava. Ela tinha empregada, mas não deixava ninguém chegar perto da cozinha.

Ela nunca foi muito madame – era toda arrumada, bonita, mas estava sempre na cozinha. Eu adorava, vivia pedindo as coisas para ela! Aí fui fazer uns cursos de culinária, o curso na Arno, por exemplo, e comecei a fazer alguns doces, mas na linha das receitas da minha mãe – doces, bolos, coisas de que eu gostava.

Depois, quando fui morar com meu ex-companheiro, eu já sabia fazer macarrão, tortas e bolos. Foi meu companheiro quem me ensinou a fazer arroz, feijão e outros repastos.

Então comecei a querer variar e fazer as iguarias gostosas que a minha avó fazia. Quase todo dia, quando eu chegava em casa, ligava para ela: "Vó, como faz isso?". E ela ia me ensinando pelo telefone, eu ia anotando e fazendo. O quibe, a canja, o risoto e o molho do macarrão, que ficava cozinhando horas...

Rachel

A canja dela era especial. Ela colocava só o peito do frango, as batatas e a cebola. Depois de um tempo, tirava o frango, desfiava, amassava a batata, colocava no caldo o arroz e deixava cozinhando em fogo bem baixo.

Viviane

Quando meu filho era pequeno, eu quis fazer uma canja e liguei para a minha avó. Ela era meio *help desk*, me ensinou a fazer na panela de pressão, o que eu faço até hoje. Ela gostava de uma pimentinha, pimenta-do-reino em tudo. Eu também sou assim.

Minha avó fazia tudo gostoso. No caderno dela quase não tem receita árabe, nem de molhos, porque ela fazia de memória. No caderno tem anotadas receitas brasileiras, pois ela amava moqueca, peixe e camarão. Ela tinha loucura por essas comidas, creio que anotava porque acho que era mais novidade. Mas a maioria das preparações ela fazia de memória.

Eu tenho muitas receitas da minha avó de quando ela já estava com mais de 90 anos. Eu falei: tenho de aprender! Daqui a pouco ela vai embora, eu preciso aprender. Ela ia falando, eu ia escrevendo, mas era tudo sem medida.

Eu faço assim também, tudo sem medida. Quando estou fazendo essas receitas eu me lembro dela me ensinando. Foi um pouco tarde; eu deveria ter começado mais cedo...

Rachel

Ela fazia uma berinjela que eu chamava de "berinjela em casquinha", recheada como um barquinho. Cozinha a berinjela, corta ao meio no comprimento, tira o miolo, tempera muito bem e leva ao forno para assar. É uma delícia; a dela era especial mesmo!

Tem outra comida árabe que se chama *chich barak*. São uns pasteizinhos recheados com uma carne moída bem temperada, que ela fritava, escorria e depois fazia um molho de coalhada e cozinhava no molho.

Viviane

Eu gostava de comer os pastéis feitos na hora, antes de colocar no molho. A massa que sobrava ela fritava e passava em açúcar e canela e deixava na sala para todo mundo ir comendo.

Para acompanhar, ela fazia arroz com aletria, que eles chamam de *chari*. Era muito bom o *chich barak* da Bisa, mas eu nunca tive coragem de fazer, porque dá muito trabalho!

Rachel

Nós morávamos numa casa enorme, com 50 metros de fundo, com jabuticabeiras. Quando tinha festa, vinha a família inteira, aquele monte de gente, e a minha avó fazia tudo sozinha, só com uma empregada para ajudar. Preparava maionese, salgadinhos, quibe, esfiha, doces, e não podia faltar o caldo de frango com aspargos. O pessoal amava aquilo! Eu não sei como ela dava conta.

O quintal era muito grande, todo mundo se espalhava por lá, era muito gostoso. As crianças tinham a casa inteira, subiam, iam para os quartos, para os banheiros, quando saíam estava aquele horror! Mas era divertido.

Na casa desses meus avós, aos domingos, tinha um ritual. Antes do almoço, meu avô convidava muitas pessoas de fora da colônia árabe e mais a família toda. Oferecia um aperitivo bem farto, com salgadinhos, pistache e uísque. Depois, cada um ia para a sua casa almoçar e, à noite, a minha avó fazia um jantar para a família inteira.

Domingo era sagrado, oferecia o jantar para as crianças todas! Tinha macarrão, frango, comida árabe... E no inverno ela sempre fazia cozido. Cozinha árabe sempre, e *chich barak* nos dias de festa.

Viviane

Minha avó Olga e meu avô Mário tiveram dois filhos: minha mãe Rachel e meu tio Luís. Eu sou filha única, mas do lado do meu tio são duas primas.

Ele casou de novo, vieram dois meninos da minha nova tia e eles tiveram mais um filho.

Alguns meses antes de minha avó Olga falecer, eu já havia pedido para ela se podia ficar com os cadernos de receitas – o de doces e o de salgados. E ela disse que sim, afinal era sempre eu que estava consultando os cadernos e ela mesma para fazer as receitas. Então, quando ela se foi, em 2008, minha mãe e minhas primas já sabiam do combinado.

Até hoje guardo os cadernos com muito carinho, junto com os da minha outra avó, Fourtunée, que era judia, e com os meus de quando era criança. Agora vou passando as receitas para meus filhos Pedro e Maria e para minha nora Thaís.

Quibe de batata

Ingredientes

- 1 kg de batatas cozidas bem amassadas
- 500 g de trigo para quibe
- ½ xícara de farinha de rosca
- 2 cebolas grandes raladas
- ½ xícara de hortelã fresca picada
- 1 colher (sobremesa) de pimenta síria
- 2 colheres (sopa) de sal
- 2 colheres (sopa) de cheiro-verde

Modo de preparo

- Lavar o trigo para quibe. Deixar descansar.
- Descascar as batatas e cozinhar por 20 minutos.
- Passar no espremedor. Vai ficar como um purê.
- Misturar o trigo, a cebola e a hortelã, o cheiro-verde, o sal, a pimenta, a farinha de rosca para dar liga.
- Amassar bem com a mão.
- Quando a massa estiver consistente e não grudar mais na mão, estará no ponto certo.
- Despejar a massa em um refratário untado com manteiga. Estender bem na forma. Cortar a massa em quadrados antes de levá-la ao forno.
- Regar a massa com azeite e levar ao forno por cerca de 35 minutos.

Obs.: o quibe também pode ser recheado e frito.

Torta de ricota

Ingredientes

Massa
- 250 g de farinha de trigo
- 100 g de manteiga
- 2 colheres (sopa) de açúcar
- 1 colher (chá) de fermento em pó
- ½ xícara de leite (que dê para amassar)

Recheio
- 500 g de ricota (amassada com garfo)
- ¾ de xícara (chá) de açúcar
- 2 ovos
- 2 colheres (chá) de baunilha
- Cidra picada

Modo de preparo

Massa
- Em uma vasilha juntar todos os ingredientes, amassar bem e deixar a massa descansar.
- Untar uma forma e forrar com a massa.

Recheio
- Preaquecer o forno a 180ºC.
- Misturar todos os ingredientes do recheio, acrescentar à massa e cobrir com tiras de massa.
- Levar ao forno preaquecido a 180ºC para assar.

Nozes fingidas

Ingredientes

- 300 g de açúcar
- 1 xícara (chá) de água
- 300 g de nozes moídas
- 6 gemas
- Açúcar branco para passar as nozes fingidas

Modo de preparo

- Com a água e o açúcar, preparar uma calda em ponto de fio médio. Deixar esfriar.
- Juntar as gemas batidas.
- Voltar ao fogo mexendo sempre, até desprender do fundo da panela. Acrescentar as nozes moídas e deixar esfriar.
- Depois, fazer pequenas bolas, dando o formato de noz, pressionar as bolas em forminhas apropriadas ou com a casca de noz, comprimindo a massa entre as duas metades da casca.
- Passar em açúcar branco ou em calda de quebrar. Colocar em forminhas de papel.

Agradecemos a todos os entrevistados
do livro *Cadernos de receitas*
pela importante contribuição.
Agradecemos também ao Museu
da Imigração e a Angélica Beghini.

SOBRE O LIVRO
Formato: 23 x 25 cm
Mancha: 36,1 x 47,1 paicas
Tipologia: Minion Pro 14,5/17
Papel: Couché fosco 150g/m² (miolo)
Cartão Triplex 250g/m² (capa)

1ª edição Editora Unesp: 2024

EQUIPE DE REALIZAÇÃO

Edição de texto
Richard Sanches (Copidesque)
Carmen T. S. Costa (Revisão)

Editoração eletrônica e capa
Ken Tanaka

Imagem de capa
Albert Samuel Anker, *Garota descascando batatas* (1886)

Imagem do frontispício, p.3
Adriaan de Lelie, *Moça areando caldeirão*, 1796.

Assistente de produção
Erick Abreu

Assistência editorial
Alberto Bononi
Gabriel Joppert

Camacorp Visão Gráfica Ltda

Rua Amorim, 122 - Vila Santa Catarina
CEP:04382-190 - São Paulo - SP
www.visaografica.com.br